101
Short
Problems

from EQUALS

edited by Jean Kerr Stenmark

101
Problemas
Cortos

del programa **EQUALS**

redacción por Jean Kerr Stenmark

El Lawrence Hall of Science es un centro público de ciencias, de adiestramiento para maestros en servicio y de investigación de la educación científica y matemática, localizado en la Universidad de California en Berkeley. Por muchos años se ha ocupado de desarrollar currículum y estrategias de enseñanza que mejoran la educación matemática y científica en todos los niveles educativos, y que aumentan el entendimiento y el interés del público en la área de la ciencias y las matemáticas.

Portada diseñada por Rose Craig

Para más información y copias adicionales, favor de comunicarse con:

EQUALS
Lawrence Hall of Science
Universidad de California
Berkeley, CA 94720-5200
attn: 101 Problemas Cortos

Número de teléfono: (510) 642-1910
Fax: (510) 643-5757

Imprenta (último dígito): 9 8 7 6 5 4 3 2

ISBN 0-912511-26-5

101 Problemas Cortos
Indice de Materias

Favor de tomar en cuenta:

Para obtener la versión en inglés del libro, dele vuelta, de arriba hacia abajo.

El texto está en la misma orden, ambos en inglés y español.

Los problemas están en orden alfabética en inglés, con la traducción del
  español al reverso. Esto quiere decir que los problemas en español no
  están en orden alfabética.

Favor de ver la tabla de referencias recíprocas para los problemas en la página
  123.

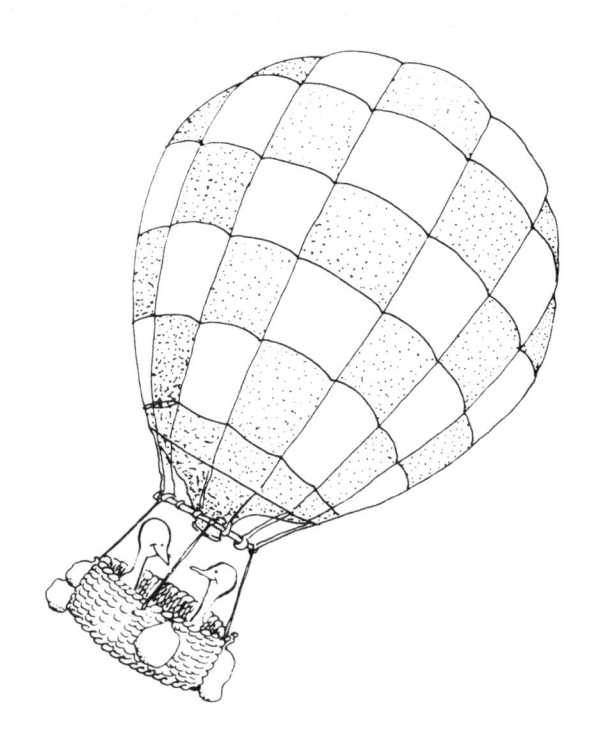

Prefacio

101 Problemas Cortos está publicado por el programa EQUALS del Lawrence Hall of Science, en la Universidad de California en Berkeley.

EQUALS es un programa consultivo para maestros que desde 1977 ha ayudado a los maestros de las escuelas primarias y secundarias en adquirir métodos y materiales para atraer a estudiantes minoritarios y mujeres a las matemáticas. El programa EQUALS apoya el enfoque en la resolución de problemas, incluyendo el tener estudiantes trabajando en grupos, usando métodos activos de evaluación, e incorporando un amplio currículum matemático, el cual será presentado a los estudiantes en una variedad de contextos.

Un enfoque importante de EQUALS ha sido extender el significado de los problemas expresados con palabras en las matemáticas, por medio de extender los recursos de las estrategias de los estudiantes y por medio de hacerle cambios a los problemas mismos. La mayoría de los problemas buenos tienen más de una solución, requieren algunas decisiones o investigaciones de parte de los estudiantes, y deben estimular más preguntas.

Agradecemos la ayuda y el apoyo del personal de EQUALS: Terri Belcher, Grace Dávila Coates, José Franco, Kay Gilliland, Nancy Kreinberg (Directora jubilada), Karen Mayfield, Virginia Thompson (Directora interina), Bob Whitlow, Kathryn Baston, Bob Capune, Miguel Casillas, Alison DeLorenzo, Carol Gray, Ellen Humm, Louise Lang, Gen Llamas, Linda Morgan, y Helen Raymond. Especialmente le queremos dar las gracias a Deborah Fierro Martínez, Eloisa F. Martínez y Patricia Zuno quienes tomaron parte en la traducción del libro al español.

Versiones de los problemas en este libro han sido usados en varios talleres de EQUALS. Le damos las gracias a todos los maestros quienes los hayan usado a través de los años y que nos hayan dado sus reacciones. Algunos de los problemas fueron originalmente creados por personas fuera de nuestro programa, pero no se sabe las fuentes o los problemas han sido modificados considerablemente.

Esperamos que usted y sus estudiantes encuentren los problemas en el libro como una adición útil y efectiva para su programa de matemáticas.

—Jean Kerr Stenmark, Redactora

101 Problemas Cortos
Algunas Cosas Para Tomar en Cuenta Antes de Empezar.

¿Para Quién Son Estos Problemas?

En general estos problemas son apropiados para los Grados del 4 al 9. Algunos problemas serán intrigantes para estudiantes de la secundaria, al igual que para adultos. También se pueden usar los problemas con estudiantes de la primaria, con leerlos en voz alta y discutirlos.

Todos los problemas están en orden alfabética, en vez de ser arreglados por dificultad o por tópico. Al final del libro hay una lista de tópicos para cada problema. La mejor manera para determinar si el nivel de dificultad del problema es adecuado para sus estudiantes es intentar el problema usted mismo/a.

Un aviso: Algunos de los problemas usan nombres o situaciones tomados de la literatura infantil o versos infantiles. Asegúrese de que sus estudiantes estén familiarizados con ellos antes de que intenten los problemas.

¿Qué Tipo de Problemas Son?

Los problemas no son complicados o engañosos y esto se debe a varias razones.

- Intentamos proveer acceso para todos los estudiantes. Cada persona puede encontrar un lugar en donde empezar; no existe ninguna intención de confundir a las personas.

- Problemas simples pueden ayudarnos a entender mejor las matematicas, sin complicaciones innecesarias.

- Cada tarea está diseñada para estimular la discusión y el proceso pensativo, oralmente y por escrito, sin prescribir la dirección que llevará una conversación profunda.

CROSS REFERENCE—English to Spanish

Please note: Spanish version is on the reverse of English version.

¿Qué Materiales Serán Necesarios?

No hemos dado una lista de los materiales necesarios para cada problema porque el saber escoger los materiales será una parte muy importante del proceso para la resolución del problema.

Esperamos que los salones de clase ya tengan la mayoría de los materiales necesarios: cubos, calculadoras, papel cuadriculado, materiales de arte, dados, tijeras, papel, cartulina, pegamento, hilo, etc.

Algunos problemas quizás requieran materiales diferentes, como canicas, latas, relojes y los engranajes, los cuales puede ser improvisados o también se pueden buscar sustitutos para ellos.

El Proceso de la Resolución de Problemas

Por todo el libro, se da la sugerencia de intentar resolver los problemas en más de una manera. Esto debe incluir el uso de materiales concretos, actuando el problema con personas, haciendo diagramas de varios tipos, escribiendo explicaciones, usando líneas de números, expresando los problemas con otras palabras, y así sucesivamente.

Una parte de mayor importancia en usar varios métodos para solucionar los problemas es de notar la relación que existe entre los procesos diversos. Por ejemplo, el poder de visualizar el problema con el uso de materiales concretos y diagramas, y después encontrar la solución algebraica del problema, puede ser muy efectivo en aumentar el entendimiento del álgebra. La oportunidad para hacer estas conexiones debe ser disponible para todos los alumnos, aún aquellos que ya piensan en el abstracto.

	Number	Spatial	Probability and Statistics	Patterns/Relationships	Algebra	Discrete Math	Other	
Renting Films	X					X	X	82
Rotate that Plate		X		X			X	83
Rulers		X		X			X	84
Running Bears		X		X		X		85
Sandwich Counter	X	X				X		86
Shoe Leather	X			X				87
Simpletown		X						88
Sixty Miles Apart	X	X			X	X		89
Snail and Rabbit	X	X				X		90
Stamp System	X			X		X	X	91
Subtraction	X					X		92
Systematic Paths		X				X		93
The More Guesses the Better	X			X		X	X	94
Thirds and Fourths	X	X				X		95
Three Boxes	X		X	X		X		96
Three Cents' Worth	X			X		X		97
Time Sheets	X			X		X		98
Tisha's Dollar	X		X			X		99
Today and Tomorrow		X		X		X		100
Tournaments			X	X		X	X	101
Two Containers	X	X		X		X		102
Two Cubes	X	X				X		103
Vic and Vera's Store			X			X		104
View from the Corner	X	X		X		X		105
Water Pails	X	X			X	X		106
Weights		X		X				107
What Does It Matter?		X					X	108
Whatsit Number	X			X		X		109
What's Wrong with That?	X	X			X	X	X	110
Wheels	X	X		X	X	X		111
Which Way is North?		X					X	112
Wolf's Party	X							113

Hábitos de la Mente

Es difícil para nosotros como maestros resistir enseñarles a los estudiantes los procesos y las estrategias que nosotros hemos aprendido o que hemos descubierto, y en veces esto está bien. Sin embargo, ordinariamente nos gusta facilitar el intercambio de ideas entre los estudiantes. El compartir les enseña nuevas ideas y nuevos métodos a los estudiantes (y a los maestros) y también puede aclararles cómo pensar sobre un problema.

Encárguese de que grupos de estudiantes se turnen dando reportes orales a la clase sobre el progreso que han hecho mientras que completen los problemas, tomando ventaja del proyector de transparencias u otras ayudas de enseñanza en la clase.

Para todos los estudiantes, y para nosotros mismos, esperamos tener hábitos de la mente, los cuales nos llevarán más de lo esperado de cualquier problema - y para preguntarnos constantemente, «¿Qué tal si le cambiamos ésta parte?» o «A lo contrario...»

Soluciones Sistemáticas y Patrones

Varios de los problemas sugieren el buscar una manera sistemática para observar la situación. Nos gustaría promover el pensamiento organizado, en vez de simplemente buscar la solución torpemente. ¿Cómo sabemos que hemos encontrado todos los métodos diferentes o todas las soluciones? El hábito de buscar patrones y sistemas nos ayudará mucho en nuestra vida diaria, al igual que con las matemáticas de la escuela.

Preguntas Ambiguas o No Muy Bien Escritas

Algunos de los problemas quizás no parezcan tener suficiente información o quizás no sea muy clara la pregunta. La mayoría del tiempo esto se ha hecho a propósito. Intentamos que los estudiantes hagan su propio razonamiento acerca del problema, en vez de hacerlo por ellos. No pensamos que sea justo para los estudiantes que gasten 12 años en la escuela, en donde sean entrenados a pensar que todos los problemas vienen en paquetes perfectos, los cuales pueden ser solucionados simplemente con aplicarles una fórmula o un proceso normalizado. La vida real requiere que salgamos y busquemos más información, que decidamos cuáles son las metas y que pensemos por si mismos.

	Number	Spatial	Probability and Statistics	Patterns/ Relationships	Algebra	Discrete Math	Other	
Henry's Trip to the Laundry	X	X				X		46
High Jump	X		X	X		X		47
Island Port	X	X		X		X		48
Marbles and Cans	X			X		X	X	49
Mark and the Escalator	X	X		X		X		50
Matt and Minnie's Books	X				X	X		51
Minutes and Hours—Analog		X		X		X		52
Minutes and Hours—Digital		X		X		X		53
Missing Numbers	X			X		X	X	54
Mixed Set 1	X		X			X		55
Mixed Set 2	X		X	X		X	X	56
Mixed Totals	X		X		X	X		57
Mountain View		X					X	58
Multiple Choice	X			X		X		59
Multiplication Book	X			X		X	X	60
Name Two Numbers	X			X		X		61
Nedbury Revisited		X						62
Nesting Boxes		X		X		X		64
Networks		X				X	X	65
Numbers of Interest	X			X		X	X	66
Nurse	X	X		X	X	X		67
Once Upon a Table	X			X		X	X	68
Package Tape		X				X		69
Packing Plan		X						70
Paper Cut	X	X				X		71
Paper on the Table	X	X						72
Parking Lot		X						73
Pets for All?	X			X		X		74
Phone Call		X		X				75
Piano Keys	X	X		X		X	X	76
Pumpkin Crop	X			X	X	X		77
Quarters	X	X		X		X		78
Ratio and Proportion	X	X		X		X	X	79
Ratios and Fractions	X	X		X		X	X	80
Refrigerator	X	X				X		81

Extensiones

La mayoría de estos problemas son ideal en que se pueden extender o desarrollar, especialmente por medio de una discusión. Cambie el ambiente, hágalos más o menos abiertos, use diferentes materiales, haga una substitución al tópico, y así de lo demás. Maestros y estudiantes pueden hacer contribuciones a las variaciones.

He aquí algunas ideas:

¿Cómo se puede usar ésto en la vida cotidiana?
Escriban un cuento sobre el problema.
Crea un ambiente, si no existe uno específico.
Lean el problema en voz alta y hagan un drama con el.
Traten de pensar como pueden hacer más de lo que se requiere para el problema.
Inventen problemas similares.
Hablen sobre las audiencias posibles, como familiares o amigos, hasta celebridades o personajes de fantasía.
Planeen una investigación extensa sobre éste u otro tópico.

Evaluación

Con los estudiantes, averiguen cuales serán las normas para un buen resultado o un buen trabajo. Piensen en las normas como si fueran similares a las «Reglas de la Clase Para Buena Conducta», las cuales establecemos al principio del año. Sigan refiriéndose a estas normas, hagan que los estudiantes evaluen sus propios reportes, al igual que los papeles o los reportes de otros estudiantes. Cambien las normas como sea necesario.

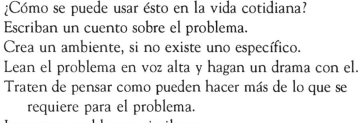

Estos problemas en particular no fueron escritos tomando programas de evalución estatales o nacionales en cuenta, pero si se están usando como práctica para ellos, sería una buena idea desarrollar una rúbrica, la cual identifique los diferentes niveles de éxito y dé sugerencias para mejorar los problemas. EQUALS, al igual que el Concilio Nacional de Maestros de Matemáticas tiene libros de recursos que les pueden ayudar.

LIST BY MATHEMATICAL TOPICS

	Number	Spatial	Probability and Statistics	Patterns/ Relationships	Algebra	Discrete Math	Other	Page
Aliaba	X	X		X	X	X		12
Alice and the Relishes	X	X		X	X	X		13
Animal Race	X			X	X	X		14
Big Pickle	X				X	X		15
Block Drawings		X		X			X	16
Block Structure		X				X		17
Box 504	X	X		X		X	X	18
Boy and Dog	X				X	X		19
Cats and Canaries	X	X			X	X		20
Change for the Booth	X		X			X		21
Charlie's Dog	X	X						22
Clock in the Mirror		X					X	23
Clockwise or Counterclockwise?		X		X			X	24
Colored Window		X		X		X		25
Cookie Booth	X		X	X		X		26
Digit Patterns	X			X		X	X	27
Dinner Bill	X		X			X		28
Ditch-Diggers	X					X		29
Doors		X		X		X		30
Dot and Rectangle	X	X		X				31
Double Problem	X			X		X		32
Double Triple	X		X	X		X	X	33
Estimation of Area and Perimeter		X						34
Estimation, Please	X			X		X		35
Faster Race	X	X						36
Field Day Spinners	X		X			X		37
Folders	X			X		X		38
Foot Feet		X				X	X	39
Four Times as Big		X		X				40
Gears		X		X		X	X	41
Guess My Coins	X			X		X		42
Hailu's Yard	X	X						43
Half as Old	X			X	X	X		44
Half a Square		X					X	45

© 1995 EQUALS, Lawrence Hall of Science, University of California at Berkeley, *101 Short Problems*

¿Existen Respuestas al Final del Libro?

No hay respuestas, ¡pero sí hay preguntas! En el apéndice hay una pregunta o una sugerencia para cada problema. Incluso, hay sugerencias generales para añadir a su propio banco de preguntas.

¿Por qué no?

La recomendación del programa EQUALS siempre ha sido que no den las respuestas. ¡No ague la fiesta!

Tan pronto se dé la respuesta (o en algunos casos, reacciones al problema), el pensar sobre el problema termina. Respuestas contribuyen a la dependencia del estudiante para su maestro y debilata paulatinamente la confianza del estudiante en su propio trabajo y su propio juicio.

Algunos de los mejores problemas serán aquellos para los cuales diferentes personas o grupos encuentren soluciones diversas e igualmente satisfactorias. Esto modela la vida real, en donde mi decisión para comprar una casa o un automóvil será diferente a la suya, y donde no hay solamente una manera para hacer un guisado.

¿Cómo hacer que funcione? Al principio será difícil no dar las respuestas, pero con el tiempo será más fácil. Prepárese para hacer buenas «preguntas capciosas».

También le puede ayudar a comparar los procesos y las soluciones. Además de hacer las presentaciones acerca de su trabajo, los equipos de estudiantes pueden comparar sus soluciones con otros grupos o con la clase en otra aula.

Deje suficiente tiempo y la oportunidad para revisar el trabajo. Después de todo, no esperaría que un empleado le dé a su jefe su primer borrador de un reporte importante, ¿o no?

Hay un poder real en el no tener que ir con una persona de autoridad para verificar un trabajo, y dá un gran placer en ver que los estudiantes extienden su pensamiento y entendimiento a lo máximo.

NOTES

DESCRIPCION DE LOS PROBLEMAS

Adivina mis monedas	Adivinando tres monedas— lógica de dinero, probabilidad
Aliaba	Arreglando alfombras voladoras— divisiblidad, restos, área
Alicia y los condimentos	Alicia visita el País de las Maravillas— secuencia de números y operaciones
Alquilar de videos	Colectando información y diseñando un plan de compras— colectando, analizando, organizando información
Baldes de agua	Una versión nueva de Jack y Jill— volumen de líquidos, medidas, fracciones
Caja 504	Buscando dimensiones de una caja— volumen, cubicando números
Cajas	Con la información dada de las cajas, ¿qué más se puede decir?— lógica de volumen
Cambio para el puesto	Identificando consideraciones para obtener cambio para el puesto del carnaval de la escuela—contando dinero
Canicas y latas	Diez canicas divididas entre dos latas— análisis del número de adivinanzas y el número de adivinadores
Carpetas	Cuántas carpetas tiene cada estudiante— lógica fraccionaria
Carrera de animales	Contando patas y cabezas— lógica de números
Cinta de empaque	Planeando cinta para las cajas— dimensiones, perímetros
Corte de papel	Doblando y dividiendo un pedazo de papel— fracciones y razón
Cosecha de calabazas	El peso de dos calabazas medidas a la misma vez— peso, análisis de número
Cuartos	Describiendo modos para encontrar las fracciones de un cuadrado—área y fracciones
Cuatro veces más grande	Dibujando triángulos similares— similaridades, figuras
Cuenta de la cena	Calculando la propina y dividiendo la cuenta de la cena— dinero, porcentajes
Cuero para zapatos	¿Cuánto tiempo durará un par de zapatos?— estimación, dinero, medida
Da dos números	Dando una estimación bien pensada en vez de simplemente adivinar—explicando métodos de estimación
Dale vuelta al plato	Creando senderos con el darle vueltas a un plato— sentido espacial, figuras geométricas

Running Bears	Which bear takes the most steps to get somewhere?
Sandwich Counter	Which items do you think should be close together?
Shoe Leather	How many weeks are there in a year?
Simpletown	Have you tried reading the directions aloud to each other?
Sixty Miles Apart	How far did they go in the first hour?
Snail and Rabbit	Where were the rabbit and the snail after 5 seconds?
Stamp System	What combinations of stamps make the number 10?
Subtraction	What numbers would you use to start?
Systematic Paths	What does it mean to use a system?
The More Guesses the Better	Could any of the numbers include fractions or decimals?
Thirds and Fourths	Could you use a ruler to represent the sandwich?
Three Boxes	What about setting up an experiment?
Three Cents Worth	What could have happened with the first three games?
Time Sheets	Which person would you think worked the fewest hours?
Tisha's Dollar	What's the largest amount of money Tisha spent in a single day?
Today and Tomorrow	What does "the day after tomorrow" mean? Would you then move forward or back to find today?
Tournaments	What if you had only four players?
Two Containers	Which amounts are the easiest to find? Make a list.
Two Cubes	What's the first difference you notice?
Vic and Vera's Store	Have you compared your graphs within your group?
View from the Corner	If you don't have a different die, use wooden blocks and make your own dice with all the different number arrangments for which opposite sides add to 7.
Water Pails	How many quarts did each start with?
Weights	What assumption would you probably make about the weights of the chemicals or other things to be weighed?
What Does It Matter?	Where does it make a great deal of difference how accurate measurements are? Let's make a list together.
Whatsit Number	What do you know about the ones' digit?
What's Wrong with That?	Would it help to divide 112 by 2?
Wheels	How many wheels would he need to make one of each?
Which Way is North?	If you are heading south and turn to the right, which direction is it—east or west?
Wolf's Party	How much of each thing did he plan for?

Día de competencias con agujas giratorias	Planeando un juego para el carnaval de la escuela—probabilidad, dinero, planeamiento
Dibujos de cubos	Arreglando y dibujando cubos—lógica espacial y observación
Doble triple	Tirando dados y contando dobles—probabilidad, colección de datos
Dos cubos	Describiendo y comparando dos figuras cúbicas diferentes—volumen, números cúbicos, comunicación
Dos recipientes	Haciendo medidas aparte de los recipientes que ya tienen—volumen, lógica de números
El caracol y el conejo	El caracol y el conejo corriendo en el prado—tiempo, velocidad, medida, lógica espacial
El dólar de Tisha	Tisha gasta el dólar que le dio su tío—haciendo gráficas, anotando información, explicando gráficas
El libro de la multiplicación	Haciendo un libro con una variedad de técnicas para multiplicar—colectando algoritmos
El niño y el perro	El niño es dos veces más mayor que el perro—lógica de números, sacando lo doble de algo
El número Whatsit	Información dada, haciendo declaraciones verdaderas—estrategias para hacer adivinanzas, análisis de números
El patio de Hailu	Medidas de un gallinero extendido—área y perímetro
El perro de Carlitos	Medidas del perro, y plan para la casita de perro—volumen, diseño
El puerto de la isla	Dos barcos entran y salen de un puerto—patrones de números, lógica
El punto y el rectángulo	Un punto en una gráfica representa 24 pulgadas cuadradas—gráficas coordenadas, multiplicación, área
El viaje de Enrique a la lavandería	Enrique sube y baja las escaleras—lógica numérica y espacial
¿En el sentido de, o en el sentido opuesto de las manecillas del reloj?	Como dan vuelta varios objetos—lógica espacial y mecánica, clasificación
Enfermero	El enfermero camina hacia atrás y hacia adelante en su piso en el hospital—lógica espacial y de números
Estacionamiento de automóviles	Planeando un estacionamiento para los autobuses y los automóviles—área, diseño
Estimación del área y el perímetro	Estimando y comparando medidas—estimación, área, perímetro
Estructura de cubo	Estructura prerepresentada para ser construida con cubos—análisis espacial, observación, persistencia
Favor de dar una estimación	Explicando como hacer estimaciones para problemas aritméticos—estimación con porcentajes, multiplicaciones, y decimales

Mixed Totals	How many ways could you divide six between the top two shapes?
Mountain View	If you looked out a window, how would moving around change what you see?
Multiple Choice	How would a person get the answer "10" from this problem?
Multiplication Book	What is a logical order for all these methods? Are some alike and some very different?
Name Two Numbers	Multiplication is the opposite of what?
Nedbury Revisited (and map)	Which is more accurate, "Turn left" or "Turn to the east?"
Nesting Boxes	If you used blocks, what's the smallest box you could represent?
Nets	How about using an actual box—could you cut apart the sides and move them around?
Numbers of Interest	Think about all the different kinds of math, such as measuring, probability, and geometry.
Nurse	What is the first place the nurse went to?
Once Upon a Table	Cover up all but the upper left square of 9 boxes—how many numbers show just once?
Package Tape	If you move your hand around the box once, how many sides do you pass?
Packing Plan	What shape box would work best with your object? Let's cut one out and try it.
Paper Cut	What about drawing lines on the paper?
Paper on the Table	What would your first step be? Then what comes next?
Parking Lot	Would it be more logical to plan first for the busses or the cars?
Pets for All?	How would you draw a diagram of this?
Phone Call	Would a ruler help?
Piano Keys	Have you looked at a piano or a picture of a piano?
Pumpkin Crop	Which weighings will the smallest pumpkin be used for? If you had just 3 pumpkins, how many weighings are needed?
Quarters	Does this problem have to do with area, volume, or linear measurement?
Ratio and Proportion	How did they get from "1 and 2" to "5 and 10"—can you do the same with 3 and 4?
Ratios and Fractions	In words, what is the difference between the first two items listed?
Refrigerator	What's the fewest number of cherries there could be?
Renting Films	How about making a list of what you need to consider?
Rotate that Plate	Have you tried working with another person?
Rulers	Could there be more than one answer?

Gatos y canarios	Cabezas y patas, diseñando espacio para una tienda de animales—lógica de números, volumen, diseños
Había una tabla	Números que occuren solamente una vez en una tabla de multiplicación—patrones, sentido de números
Hojas de presencia	La computadora hizo un error en las hojas de presencia de los trabajadores— lógica de números en el contexto de hojas de presencia
Hoy y mañana	Una serie de preguntas acerca de mañana, ayer, etc.— lógica de calendarios
La competencia más rápida	Corredores de larga distancia mejorando su tiempo de correr—comparando porcentajes con variaciones de cantidades fijas
La fiesta del lobo	El Lobo tiene que planear y dividir la comida para una fiesta— lógica de números, planeamiento
La mitad de la edad	Problema relativo de la edad— escribiendo problemas nuevos y más complejos
La mitad de un cuadrado	Colocando un punto en un cuadrado y después dividiendo el cuadrado—lógica espacial
La resta	Enseñándole a su vecino cómo restar con dos dígitos—claramente describiendo y haciendo un diagrama de un proceso
La tienda de Vic y Vera	Haciendo una gráfica de una descripción general de las ventas de una tienda pequeña— haciendo una gráfica con datos no muy específicos
Las más adivinanzas lo mejor	Número secreto, intentando dar más adivinanzas—suma, posiblemente con fracciones, decimales, etc.
Llamada telefónica	Escribiendo direcciones para reproducir un diseño—comunicación, describiendo e identificando ideas importantes
Llantas	Jorge colecta llantas de bicicletas— lógica de números
Los engranajes	La relación de cuatro engranajes dando vuelta—lógica de los engranajes, generalizaciones
Los libros de Matt y Minnie	Comparación del número de libros—lógica fraccionaria
Marcos y la escalera mecánica	Marcos y su mamá suben y bajan una escalera mecánica—explicación de la lógica de números
¿Mascotas para todos?	Resultados de una encuesta de mascotas—lógica de números
Medidas	Escogiendo medidas para una pesa de medir—haciendo recomendaciones para cuál serie se comprará
Minutos y horas-Analógico	Comparación de la velocidad de las manecillas del minuto y de la hora—tiempo y lógica espacial
Minutos y horas- Digital	Observación de números posibles con una esfera redonda—sentido de números, tiempo, lógica espacial

Cookie Booth	What's missing from the graph?
Digit Patterns	Have you found a repeated pattern?
Dinner Bill	Do you know how to find 15%?
Ditch-Diggers	What was the total each was paid for the 6 hours?
Doors	Why does it start with 5 doors then say there are seven? Would Cuisenaire Rods help you?
Dot and Rectangle	What does the dot have to do with the area 24?
Double Problem	What's the difference in the first sentence of the two problems?
Double Triple	How would reducing it to a smaller problem help, maybe using number cubes with only the numbers 1, 2, and 3? Does a triple count as a double?
Estimation of Area and Perimeter	Could you cut the shapes into smaller parts to re-arrange?
Estimation, Please	Which numbers could be rounded off?
Faster Race	Have you tried testing some possible race times?
Field Day Spinners	What if each person played just once?
Folders	Could you use our class size for an example?
Foot Feet	What difference does it make whether they step out or land on the left foot? Can you show me with your feet?
Four Times as Big	What does "four times as big" mean? Does it have to do with area or perimeter?
Gears	How can you tell when a gear has gone all the way around?
Guess My Coins	Are all the coins different, or could they be the same?
Hailu's Yard	How would you sketch the yard?
Half as Old	What things could you vary? What about the number of people? Could you use different numbers?
Half a Square	How many exceptions does it take to make a statement untrue?
Henry's Trip to the Laundry	What about trying another way—a diagram, manipulatives, a graph of some kind?
High Jump	Is this enough information to make a generalization?
Island Port	Which one will come back first?
Marbles and Cans	What's one way you could divide up the ten marbles?
Mark and the Escalator	How would you keep a record of what happened?
Matt and Minnie's Books	What number are you sure of, so you can start there?
Minutes and Hours—Analog	Where are the two hands at the beginning?
Minutes and Hours—Digital	What are the smallest and largest numbers possible?
Missing Numbers	What's the second missing number, and what are its factors?
Mixed Set 1	What if you started with just two colors?
Mixed Set 2	What is the difference between this and Mixed Set 1?

Mostrador de emparedados	Domingo camina detrás y enfrente del mostrador — sentido numérico y espacial, diseño de nuevo espacio
Nedbury visitado de nuevo (y un mapa)	Dando direcciones de un lugar a otro— descripciones de los senderos de un mapa
Números de interés	Empezando con el 12, hacer declaraciones de números— observaciones e informaciones de números
Números que faltan	Números que faltan en la tabla de multiplicación— análisis de la tabla de multiplicación
Osos corriendo	Tres osos toman pasos de diferentes tamaños— lógica espacial, medida
Papel en la mesa	Cuatro niños y cinco hojas de papel— dividiendo el área, dando cuenta de los restos
Pasos que miden un pie	Un pato y un pavo caminando— lógica de medidas
Patrones de dígitos	Sumando dígitos de secuencias de números— patrones de números, calculaciones
Pepino grande	Dividiendo un pepino— lógica de números, división desigual
Plan de empaque	Planeando cajas y una caja de cartón para contenerlas— volumen, dimensiones
Problema doble	Comparando dos problemas de lógica similares pero a la vez diferentes—lógica, porcentajes
Puertas	Localización de siete puertas en un pasillo— lógica espacial, estimación de medidas
Puesto de galletas	Interpretando una gráfica de la venta de galletas— usando información de una gráfica, identificando gráficas de falsas apariencias
¿Qué dirección es Norte?	Dando direcciones usando un transportador circular y un mapa— lógica espacial, exploración de un transportador
¿Qué hay de malo con eso?	Cortando una tabla en dos piezas desiguales— análisis de errores, división
¿Qué importa?	Un derrame de una taza de leche o de una onza de medicina— análisis de la necesidad de tomar medidas precisas
Razón y proporción	Clarificando razones y proporciones— expresando razones y proporciones en diferentes modos
Razones y fracciones	Identificando fracciones y razones— clasificando varias relaciones
Redes	Redes que se doblarán en una figura de tres dimensiones— lógica espacial y de medidas
Refrigerador	Damien describe lo que encuentra en el refrigerador— representando información sobre una situación
Reglas de medir	Comparación de las medidas de una regla — la exploración de la idea que todas las medidas son aproximaciones

Extension Questions Some questions expand the problem, perhaps into a small or large investigation. Some examples:

> What is a general rule?
> In what kind of real situation would this happen?
> Who would need to know how to do this, or need this information?
> What would happen if you reversed part of the problem?
> What would happen if you changed this variable?

And there are more suggestions in the introduction.

Whose Right Answer? For students (and teachers) who are uncomfortable with no answers, it may help to do a lot of sharing and comparing along the way. There might be agreement, for instance, that if 10 people worked the problem in a variety of ways and agree that all their answers make sense, they can be satisfied.

AND THE QUESTIONS:

These questions are just idea starters for us teachers. For many of the problems you'll have better and more appropriate questions and suggestions of your own. It depends on where your students are and what help they might need.

Aliaba	How would a block arrangement help?
Alice and the Relishes	How tall would you estimate Alice was when she started?
Animal Race	A diagram or manipulatives might make it easier to look at other arrangments.
Big Pickle	What's the easiest way to divide it, if you didn't worry about what people wanted?
Block Drawings	How could you indicate the different layers in your drawing?
Block Structure	What's the next block you could remove?
Box 504	Do you understand about consecutive numbers? Do you understand how to find the volume of a box?
Boy and Dog	Could "twice as old" be considered a number?
Cats and Canaries	Have you tried using smaller numbers to start?
Change for the Booth	How much do you think they might charge at a booth?
Charlie's Dog	What does "cubic feet of space" mean?
Clock in the Mirror	Have you tried a mirror?
Clockwise or Counterclockwise?	How about acting out the motions? Does a faucet turn in only one way?
Colored Window	What is the largest number of squares that could be the same color? Where could they be?

Reloj en el espejo	Mirando a un reloj en el espejo— reflexiones, visualizando, lógica espacial
Salto alto	La interpretación de poca información— análisis de los datos
Senderos sistemáticos	Senderos de una mariquita sobre una figura— análisis sistemático de una figura de geometría
Sesenta millas aparte	Problema tradicional con dos bicicletas—lógica númerica y espacial, resolviendo problemas en dos maneras diferentes
Simpletown	Dibujando un mapa con la descripción de Simpletown— lógica espacial, cartografía
Sistema de sellos	Combinaciones posibles con tres valores de sellos— análisis sistemático, suma, listado, patrones
Teclas del piano	¿Qué porcentaje de teclas de piano son negras?— porcentaje, lógica, comparación de pianos
Tercios y cuartos	Ellery y Edwina comen diferentes porciones de un emparedado— fracciones, proporción
Torneos	Diagramas para dos tipos de competencias— combinaciones, diagramas
Totales mixtos	Número de combinaciones para tres figuras— lógica de números, álgebra
Traje mixto 1	Combinando ropa de color— combinaciones, la probabilidad de seleccionar trajes
Traje mixto 2	Combinando ropa de color— el número probable de intentos requeridos para estar seguro
Tres cajas	Canicas rojas y azules en tres cajas— lógica, examinando combinaciones
Valor de tres centavos	Beto y José juegan un juego con un centavo— lógica de números, resolviendo problemas en más de una manera
Varias respuestas	Escribiendo preguntas para un examen— análisis de errores lógicos
Ventana de colores	Problema de un mapa de color con un vidrio de color— patrones, análisis de un par de condiciones fijas
Vista de la esquina	La orden de los números en un dado— observación espacial y análisis
Vista de la montaña	Cambiando la vista hacia una montaña— lógica espacial
Zanjeadores	Zanjeadores rápidos y despacios— lógica de números

QUESTIONS AND SUGGESTIONS

**No Answers,
Just More Questions**

EQUALS has a long-standing policy of promoting thoughtful problem solving by avoiding answers. Once we tell an answer, thinking stops, no more checking or reviewing is done, and responsibility for one's own work and judgment are gone. Withholding answers can be hard. But keep trying, since the results can be spectacular, and the pain eases soon. Most good problem solvers HATE to be told an answer.

As a better alternative to answers, the following pages have a list of pump-primer questions or suggestions to help students through some of the sticky places for each problem.

Other Questions

There are at least two other kinds of questions for us to use: **general questions** that students can learn to ask themselves, and **extension questions** that make the problems richer.

General Questions

General questions are appropriate for just about any problem. Some examples:
  What is this problem about?
  What do you already know? What do you need to clarify?
  Are there some assumptions you will have to make?
  What was your estimate or prediction?
  Is there a pattern? How can you organize the information?
  What kind of diagram could you use? What might it look like?
  How could you use manipulatives? a number line?
  Can you break the problem into parts that you understand?
  Does the answer on your calculator make sense?

To illustrate an application of one of the general questions, consider the problem "Mixed Set."

The problem says that Sivo has sets of clothing in several colors but does not say whether Sivo has more than one item of each color. For example, does he have more than one pair of green pants?

To solve the problem, students will need to make an assumption, one way or the other. Some students will need to have this suggestion made, and all students should be aware of the need consider the issue.

LA FIESTA DEL LOBO

Después de su mala suerte con los tres Cochinitos y Caperucita Roja y su abuelita, el lobo decidió que ser malo no era divertido. Pensó que si tendría una fiesta el haría amigos.

El quería tener emparedados de queso, tacos, pasteles de helado, y leche.

El preparó suficiente para que cada cochinito, Caperucita Roja y su abuelita pudieran comer un emparedado, un taco, un pedazo de pastel de helado, y una taza de leche.

Pero él se olvidó de si mismo (¡y él estaba peligrosamente hambriento!), y luego la mamá de Caperucita, la Sra. Caperuza, también llegó.

Haz un plan para ayudarle a dividir justamente la comida.

Sugerencia: Te ayudaría un diagrama

WOLF'S PARTY

After his bad luck with the three little pigs and Red Ridinghood and her Grandma, the wolf decided being mean was not so much fun. He thought if he had a party he'd make friends.

He wanted to have cheese sandwiches, tacos, ice cream pies, and milk.

He prepared enough so that each pig, and Red, and her Grandma, could have one sandwich, one taco, one ice cream pie, and one cup of milk.

Oops! He had forgotten about himself (and he was dangerously hungry!), and then Red's mother, Mrs. Ridinghood, showed up too!

Make a plan to help him divide up the food fairly.

Hint: A diagram will help

¿QUE DIRECCION ES NORTE?

He aquí un transportador circular
y un mapa. (Usa tu transportador
y un mapa si gustas.)

Practica dando descripciones de
como llegar de un lugar a otro,
usando solamente los grados del
transportador y las descripciones
del norte, sur, este y oeste.

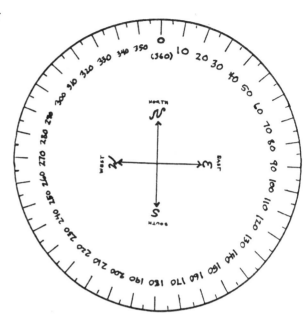

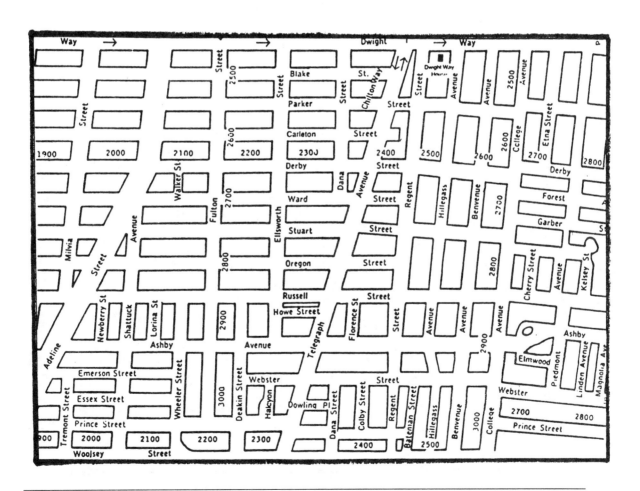

WHICH WAY IS NORTH?

Here are a circular protractor and a map. (Use your own protractor and map if you wish.)

Practice giving descriptions of how to get from one place to another, using only the degrees of the protractor and the directions of north, south, east, and west.

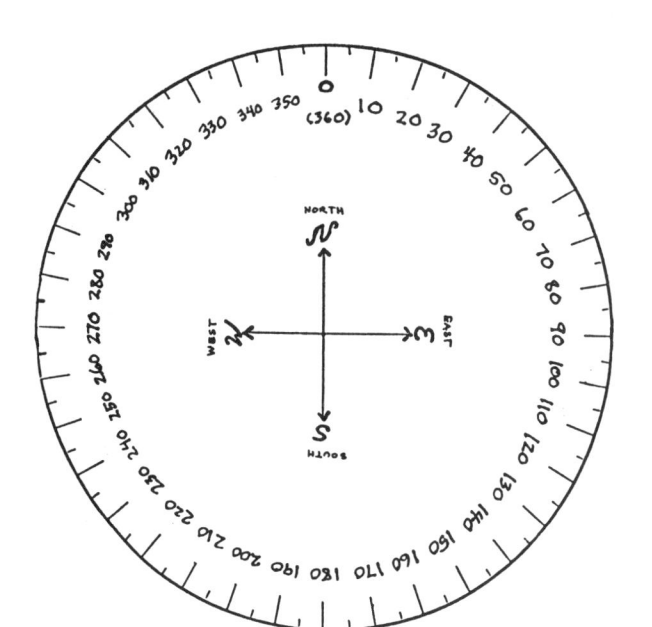

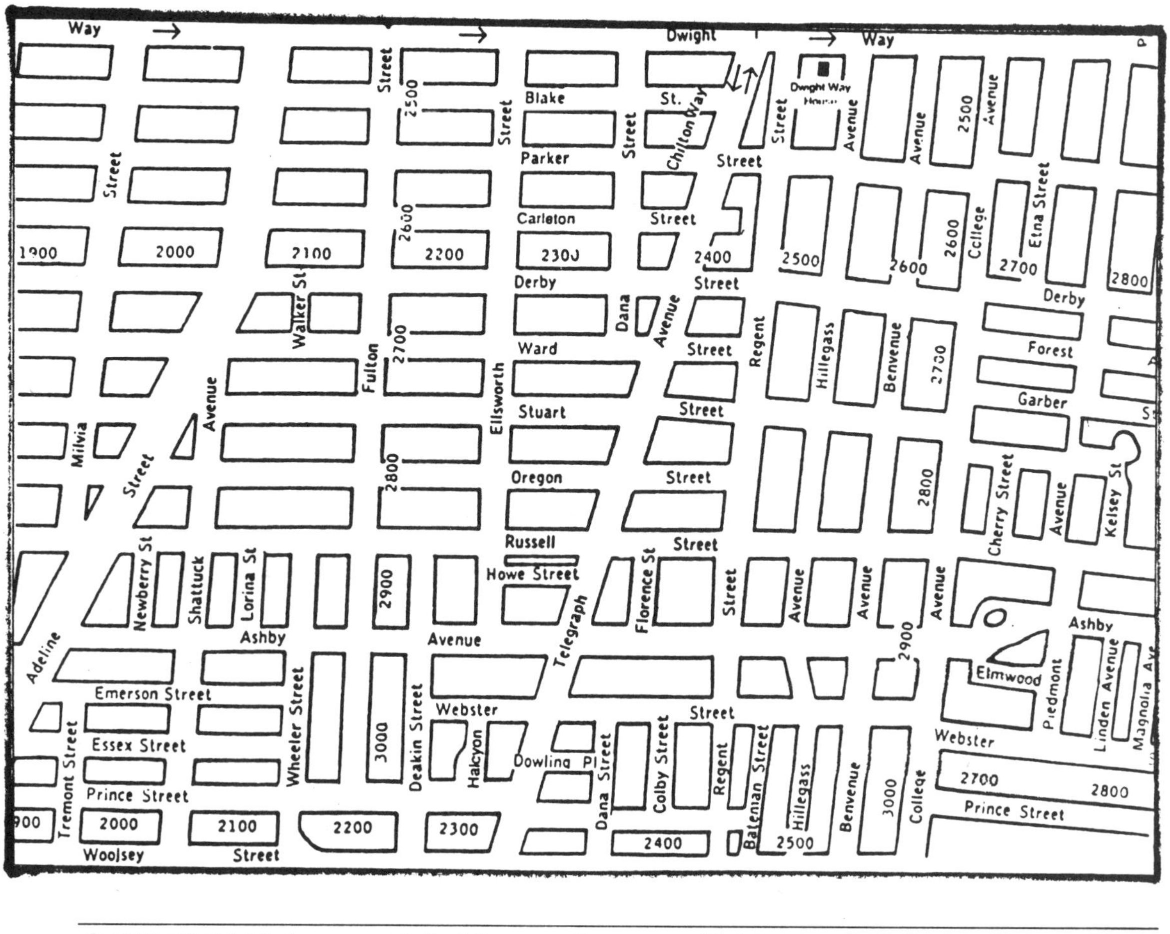

LLANTAS

Jorge el Curioso todavía está colectando llantas. Ya tiene 25. El quiere colectar suficientes llantas de modo que pueda hacer el mismo número de cada tipo de vehículos: bicicletas de dos llantas, triciclos de 3 llantas, y carritos de carreras de cuatro llantas. No quiere tener llantas extras.

¿Cuántas llantas debe colectar?

Usando ésta hoja, explica y demuestra cómo puedes aconsejarle a Jorge. No puede leer muy bien, de modo que sería mejor que le hagas un dibujo también.

WHEELS

Curious George is still collecting wheels. He already has 25.
He wants to collect enough wheels so that he can make the same number of each kind of vehicle: two-wheeled bicycles, three-wheeled tricycles, and four-wheeled racing carts. He doesn't want to have any wheels left over.

How many wheels should he collect?

Explain and show on this page how you would advise George.
He can't read very well, so you'd better draw him a picture. too.

¿QUE HAY DE MALO CON ESO?

Se corta una tabla de 112 cm de largo en dos pedazos, de modo que una pieza es 3 veces más larga que la otra. ¿Qué tan larga es cada pieza?

Mucha gente, cuando trata de resolver este problema, empieza por dividir 112 por 3. ¿Qué tipo de lógica están usando, y tiene sentido esta lógica?

WHAT'S WRONG WITH THAT?

> A board 112 cm long is cut into two pieces so that one piece is 3 times as long as the other. How long is each piece?

Many people, when they try to solve the above problem, start out by dividing 112 by 3. What kind of logic are they using, and does their logic make sense?

EL NUMERO WHATSIT

Estoy pensando en un Número Whatsit.

- Tiene 2 dígitos que suman a un número par de solamente un dígito.
  (Si al principio no suman a un número de un dígito,
    sigue sumando los dígitos hasta que sí.
      El dígito que resulta se llama la «raiz digital»
      del número.)

- Si le sumo 7 a mi número original, el resultado es un número que
    tiene un cero en el lugar de las unidades.

Usando esta información, haz una lista de por lo menos tres declaraciones cortas sobre el Número Whatsit. Explica por qué cada declaración es verdadera.

En un lugar colecta todas las declaraciones que las personas en tu grupo o tu clase hicieron. Averigua si todas son verdaderas.

Escribe tus conclusiones, basadas en las declaraciones colectadas.

Escribe otros problemas para el «Número Whatsit» para tu grupo.

WHATSIT NUMBER

I am thinking of a Whatsit Number.

- It has 2 digits that add to an even single-digit number.
    (If they don't add to a single-digit number at first,
        keep adding the digits until they do.
            The resulting single digit is called the number's
            "digital root.")

- If I add 7 to my original number, the result is a number that has a zero in the ones' place.

List at least three statements that must be true about the Whatsit Number, based on the information above. Explain why each is true.

Collect in one place all the statements people in your group or class were able to make. Check whether all of them are really true.

Write out your conclusions, based on the collected statements.

Pose other "Whatsit Number" problems for your group.

© 1995 EQUALS, Lawrence Hall of Science, University of California at Berkeley, *101 Short Problems*

¿QUE IMPORTA?

El Sr. Candelabria estaba haciendo galletas. El midió una taza de leche, pero no era muy cuidadoso, y un poco se derramó, de modo que solamente la mitad de la taza fue en la mezcla.

La Srta. Newelpost estaba haciendo un poco de medicina. Ella midió una onza de uno de los ingredientes, pero ella no era muy cuidadosa y un poco se derramó, así que solamente la mitad de la onza fue en la mezcla.

Escribe una explicación sobre la diferencia entre las dos situaciones. ¿Qué y cuándo y cuánto afecta qué tan cuidadosamente se toman las medidas?

Describe otras situaciones en las cuales la precisión sí afecta demasiado, poco, o casi no.

© 1995 EQUALS, Lawrence Hall of Science, Universidad de California en Berkeley, *101 Problemas Cortos*

WHAT DOES IT MATTER?

Mr. Candelabria was making cookies. He measured out a cup of milk, but he wasn't very careful, and some slopped over, so only about half a cup went into the mix.

Ms. Newelpost was making a batch of medicine. She measured out an ounce of one of the ingredients, but she wasn't very careful, and some slopped over, so only about half an ounce went into the mix.

Write an explanation of the difference between these two situations. What and when and how much does it matter how carefully you measure?

Describe other situations in which accuracy matters a lot, or some, or not much.

MEDIDAS

Para este problema, quizás querrás obtener una escala de medir y unas pesas.

La clase de química va a comprar una escala de medir nueva, y necesita saber cuales pesas deben comprarse para la escala.

No pueden decidir si buscar la colección más chica posible (la que tenga pocas pesas, pero que todavía pese entre 1/4 de onza y 5 onzas) o una colección más grande, la cual tenga dos de cada pesa necesaria, e incluso una pesa de 5 onzas.

Describe lo que estas dos colecciones pueden incluir, y las ventajas y las desventajas de cada una.

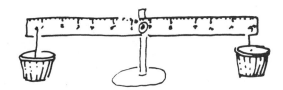

WEIGHTS

For this problem, you might want to get out a balance scale and some weights.

The chemistry class is buying a new balance scale, and they want to know what weights they need to go with the scale.

They can't decide whether to look for the smallest set possible (the one that has the fewest weights but will still weigh anything from 1/4-ounce up to 5 ounces) or a bigger set that has duplicates of all the different needed weights, with even a 5-ounce weight included.

Describe what those two sets might include, and the advantages and disadvantages of each.

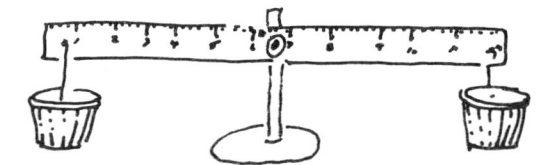

BALDES DE AGUA

Jack y Jill subieron el cerro de nuevo. Su mamá les dijo que agarraran más agua, ya que se les había tirado toda la otra vez. Ella les dijo, «Acuérdense, necesito por lo menos un galón y medio. Galones, no cuartos. Ya saben que hay cuatro cuartos en un galón.»

Bueno, esta vez también tuvieron algunos problemas. Primero, se pusieron a discutir quién iba a cargar el balde - su Mamá suspiró y les dio a cada uno su propio balde de un galón.

Cuando llegaron hasta arriba, llenaron los baldes hasta mero arriba. Si alguna vez has cargado un balde lleno de agua (o simplemente un vaso lleno de agua hasta arriba), sabes que el agua se tira. Antes que habían caminado 10 pies para bajar el cerro, cada uno perdió un cuarto de agua.

Jill se encontró con un mosquito y se le cayó otro cuarto de agua.

Jack se cayó y se le tiró toda el agua que le sobraba. Se tuvo que regresar a llenar el balde de nuevo. Pero, ¿qué crees que pasó? De nuevo se le cayó otro cuarto de agua.

Después, Jack decidió que su balde tenía más agua que el de Jill y eso no era justo; de modo que él tomó los dos baldes y dividió el agua igualmente. (Y ella dejó que hiciera eso, ¡lo cual yo nunca he comprendido!)

Eso fue todo, pudieron bajar el resto del camino sin ningún problema. Pero, todavía hay dos preguntas grandes:

> ¿Consiguió toda el agua que necesitaba la mamá?
> Tenían que reportarle a la Compañía de Agua cuánta agua se les había tirado. ¿Qué dijeron en su reporte?

La Compañía de Agua y su mamá quieren su explicación por medio de palabras, con números y con diagramas.

WATER PAILS

Jack and Jill went up the hill again. Their Mom said they had to get more water, since they had spilled it all the last trip. She said "Remember, I need at least one and a half gallons. And mind you, that's gallons, not quarts. There are four quarts in every gallon, you know."

Well, they had some problems this time, too. First off, they argued about who would carry the pail up—so their Mom just sighed and handed each of them a 1-gallon bucket.

When they got to the top, they filled the buckets to the very top. But if you've ever carried a full-full bucket (or even a full-full glass of water), you know that some sloshed out. They each lost a quart before they had gone ten feet down the hill.

More fun. Jill ran into a gnat and spilled another quart.

Jack stumbled and spilled all the rest of his bucket. He had to go back and get another bucketful. But guess what—of course he sloshed out another quart.

Then Jack decided his bucket had more water than Jill's and that it wasn't fair, so he took both buckets and divided the water equally between the two. (And she let him do that, which is a part of the story that I've never really understood!)

That was it, and they made it the rest of the way. But there were still two big questions:

> Did their Mom get all the water she needed?
> They had to report to the Water Company how much they had spilled. What did they say in the report?

Both the Water Company and their Mom want their explanations in words, numbers, and diagrams.

© 1995 EQUALS, Lawrence Hall of Science, University of California at Berkeley, *101 Short Problems*

VISTA DE LA ESQUINA

Recoge algunos dados. Mientras que trabajes, anota todas tus observaciones, al igual que un científico.

Primero, pon atención a donde están colocadas las marcas en los dados.
¿Todas están arregladas en la misma manera?
¿Qué puedes observar al darle vuelta a cada dado?
Si pones varios dados en la mesa de modo que la cara con una marca esté hacia arriba, y la cara con dos marcas esté enfrente, ¿están los demás números en el mismo lugar relativo?
¿Cuál es el total de los lados opuestos?

Si observas a un dado de la esquina donde puedas ver el lado que tenga 1, 2, y 3 marcas, ¿están arregladas las marcas de tal modo que vayan en el sentido de las manecillas del reloj o en el sentido opuesto a las manecillas del reloj?

Si le das una vuelta completa al dado para que se vea el 4, 5, y 6, ¿estarán en la misma dirección que el lado del 1, 2, y 3 ó irán en la dirección opuesta?

¿Llevan el mismo arreglo de dirección los demás dados?

Puedes poner los dados juntos, de modo que las caras que observes en cualquier dirección se suman a 7? ¿Se suman las dos caras extremas a 7 también?

Investiga otros aspectos del dado, como:
 •Si observas al lado con 2 marcas, ¿están las marcas anguladas hacia la derecha o hacia la izquierda? Si miras al 2 y al 6 juntos, ¿cuál de las dos marcas están más cerca al 6? ¿Va el 6 de arriba hacia abajo o de lado a lado?
 •¿Van hacia la misma dirección el 2 y el 3 ó van en direcciones opuestas?
•¿Piensas que el arreglo de las marcas afecte los números que te salgan?

Inventa tus propias preguntas de investigación.

VIEW FROM THE CORNER

Gather several dice from different sources.
As you work, write down all your observations, just as a scientist would.

First, take a good look at where the dots are on the dice.
    Are they all arranged in the same way?
    What do you see as you turn each die?
    If you put several on the table so the single dot is up, and the two is in front, are the other numbers all in the same relative places?
    What are the totals of opposite sides?

If you look at a die from the corner where you see the sides that have 1, 2, and 3 dots, are the dots arranged so they go in a clockwise direction or counter-clockwise?

If you turn the die completely around to see the 4, 5, and 6, will they match the direction of the 1, 2, 3 side, or go in the opposite direction?

Do all the other dice have the same direction arrangement?

Can you put two dice next to each other so that the faces you see from any side add to 7? Do the two ends also add to 7?

Investigate other aspects of dice, such as:
- If you look at the 2-spotted side, do the dots slope to the right or 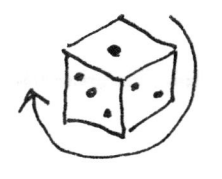 left? If you look at the 2 and 6 together, which of the 2 dots is closer to the 6? Does the 6 go up and down or across?
-  Do the 2 and 3 slope in the same direction or opposite directions?
- Do you think the arrangement of dots will affect the numbers you roll with it?

Make up investigation questions of your own.

LA TIENDA DE VIC Y VERA

Vic y Vera eran los dueños de una tienda.

Sus ventas resultaron bastante bien para el mes de enero, pero siguieron bajando un poco cada mes hasta junio.

En junio, las cosas empeoraron tanto que tuvieron que cerrar la tienda para el verano.

En septiembre, de nuevo abrieron la tienda y las ventas estaban mejor que nunca, especialmente durante la semana antes del Día de Todos los Santos.

Dibuja más abajo una gráfica de las ventas de Vic y Vera.
Asegúrate de marcar las diferentes partes de la gráfica.

¿Qué sugerencias les puedes dar a Vic y a Vera para que su tienda produzca más dinero?

VIC AND VERA'S STORE

Vic and Vera owned a small store.

Their sales were very good in January, but went down a little bit every month until June.

In June, things were so bad that they closed the store for the summer.

They opened again in September, and sales were better than ever, especially in the week before Halloween.

Draw a graph below of Vic and Vera's sales. Be sure to label all the different parts of the graph.

What advice would you give Vic and Vera about making their store earn more money?

DOS CUBOS

Usa cubos de madera para este problema.

Pedro tenía 28 cubos de madera, todos del mismo tamaño.

El puso aparte uno de los cubos, y con los demás formó un cubo grande.

Explica qué era similar y qué era diferente entre el cubo pequeño y el cubo mas grande.

Sugerencia:
Antes de empezar, haz una lista de todas las cosas que sabes o pudieras decir sobre el cubo pequeño.

TWO CUBES

Use wooden blocks for this problem.

Pedro had 28 wooden cubes, all the same size.

He set aside one of the cubes, and formed the rest into a bigger cube.

Explain what was alike and what was different about the single little cube and the bigger cube.

Hint:
Before you start, it might help to make a list of all the things you know or could say about the little cube.

DOS RECIPIENTES

Tienes dos recipientes. Sabes que a uno le cabe 2 litros y al otro le cabe 5 litros. Los recipientes no tienen ninguna marca de medidas, tales como 1, 3, ó 4 litros.

- Usando sólo estos dos recipientes,
  llenándolos y vaciándolos tantas veces como sea necesario, busca una manera sistemática de tomar medidas que no sean de 2 ó de 5 litros.

- Escribe, paso por paso, las instrucciones de como obtener un litro.

Haz lo mismo para 3 litros, 4 litros, 6 litros, 7 litros, etc.
Busca algunos patrones que te puedan ayudar.

Haz lo mismo con recipientes de otras medidas.
Por ejemplo, intenta 3 y 5, ó 4 y 7, ó 4 y 9.
Inventa problemas para personas, quizás con 3 recipientes o un número limitado «de rellenar y vaciar».

TWO CONTAINERS

You have two containers. You know that one holds 2 liters and the other holds 5 liters. There are no markings on either container to show other measurements, such as 1 liter, or 3 or 4 liters.

- Using only those two containers,
  filling them and emptying them as many times as you need to,
  find a systematic way to measure amounts other than 2 liters or 5 liters.
- Write down step-by-step directions for how to find 1 liter.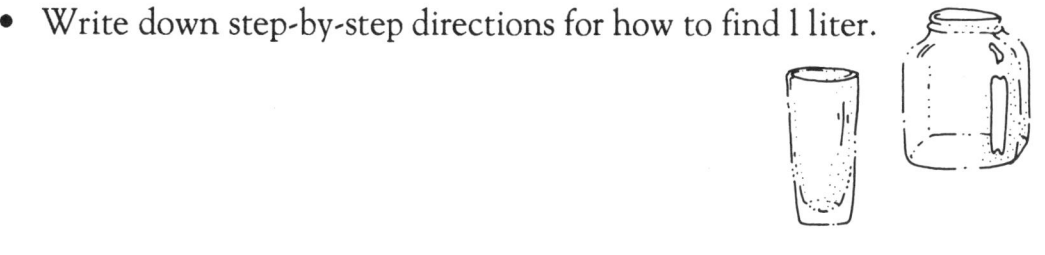

Do the same for 3 liters, 4 liters, 6 liters, 7 liters, and more.
Look for patterns to help you.

Do the same thing with other-sized containers.
For instance, try 3 and 5, or 4 and 7, or 4 and 9.
Make up challenge problems for others, perhaps with 3 containers or a limited number of "fillings and emptyings."

TORNEOS

Para algunos torneos, el programa de las competencias puede verse como un diagrama de árbol.

Sin embargo, hay algunos torneos en donde cada jugador, juega contra cada uno de los jugadores.

Diseña un diagrama para este tipo de torneo.

Explica cómo funciona tu torneo, y la diferencia entre los dos torneos.

¿Cómo decidirías en el ganador o lo decidirías?

TOURNAMENTS

For tournaments of some kinds, the schedule of matches may look like a tree diagram:

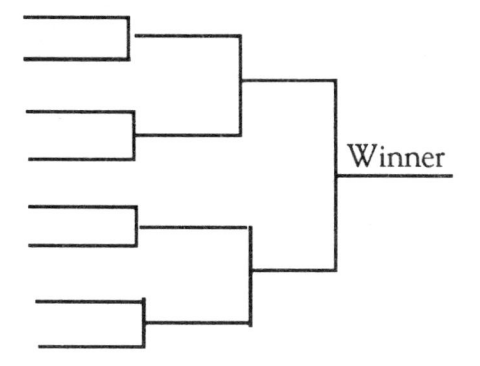

There are some tournaments, though, where every player plays each of the other players.

>   Design a diagram for this kind of tournament.

>   Explain how your tournament works, and the difference between

>   the two kinds of tournaments.

>   How would you decide on a winner, or would you?

HOY Y MAÑANA

Para este problema quizás quieras tener un calendario disponible.

> Pasado mañana será domingo.
> > ¿Qué día es hoy?
> > ¿Qué día fue ayer?
> > ¿Qué día fue cuando ayer era pasado mañana?

> Ayer era lunes.
> > ¿Qué día fue cuando ayer era mañana?
> > ¿Qué día fue cuando hoy era pasado mañana?

> En un año bisiesto, si el 1 de enero cae en un martes, ¿qué día de la semana será febrero 29?

Intenta resolver las preguntas de arriba en más de una manera. Usa líneas de números, diagramas, calendarios, palabras, objetos concretos, o lo que puedas pensar en usar.

Crea tus propios problemas de calendario.
> El primer paso será formar una lista de todas las palabras y frases que serán necesarias, por ejemplo «pasado mañana», «el día ante pasado», «de hoy en siete días», y así sucesivamente.

TODAY AND TOMORROW

For these, you might want to have a calendar handy.

The day after tomorrow is Saturday.
>   What day is it today?
>   What day was it yesterday?
>   What day was it when yesterday was the day after tomorrow?

Yesterday was Monday.
>   What day was it when yesterday was tomorrow?
>   What day was it when today was the day after tomorrow?

In a leap year, if January 1 falls on a Tuesday, what day of the week is February 29?

Try to solve the questions above in more than one way.
Use number-lines, diagrams, calendars, words, manipulatives, whatever you can think of.

Create your own calendar problems.
>   The first step might be to make a list of all the words and phrases that will be useful, such as "the day after tomorrow," "the day before yesterday," "a week from now," and so on.

EL DOLAR DE TISHA

El tío de Tisha vino de visita y le dio un dólar a ella para gastar.

- Ella tuvo mucho cuidado con su dinero, pero sí compró algunas cositas.
- El primer día, no compró nada, porque estaba pensando.
- El segundo día, gastó una peseta en materiales para la escuela, como lápices y borradores.
- El tercer día gastó diez centavos en dulce.
- El cuarto día gastó otra peseta en comprarle un regalo a su mamá.
- Decidió guardar lo que sobraba en su alcancía.

Dibuja una gráfica o un dibujo, el cual representa lo que le pasó al dólar de Tisha.

Explica tu dibujo o gráfica.

TISHA'S DOLLAR

Tisha's uncle came to visit and he gave her a dollar to spend.

- She was very careful, but she did buy some things.
- The first day, she bought nothing at all, because she was thinking.
- The second day, she spent a quarter for school supplies, like pencils and erasers.
- The third day, she spent a dime on some candy.
- The fourth day, she spent another quarter buying a present for her mother.
- She decided to put the rest into her piggy bank.

Draw a graph or picture that will show what happened to Tisha's dollar. Explain the parts of your picture or graph.

HOJAS DE PRESENCIA

Hojas de presencia son los registros que mantienen los jefes, anotando cuantas horas han trabajado los empleados.

La computadora hizo un enredo con las hojas de presencia el mes pasado. No registró exactamente cuanto trabajó cada persona.

Lo que si nos dejó saber fue que:
- Andy y Bertha juntos trabajaron un total de 50 horas.
- Bertha y Gran tenían un total de 70 horas.
- El total de Gran y Andy fue de 60 horas.

A cada quien se le pagará $10 por hora.

¿Cuánto se le debe pagar a cada persona? Describe cómo puedes averiguarlo, de modo que si la computadora hace un enredo de nuevo, el jefe sabrá que hacer.

TIME SHEETS

Time sheets are the records that employees keep on a job, showing how many hours are worked.

The computer made a big mess of the Granch Company's time sheets last month. It didn't record exactly how long each person worked.

What it did say was:
- Andy and Bertha together worked a total of 50 hours.
- Bertha and Gran had a total of 70 hours.
- Gran and Andy's total was 60 hours.

They are each to be paid $10 per hour.

How much should each person be paid? Describe how you can figure that out, so if the computer messes up again, the boss will know what to do.

VALOR DE TRES CENTAVOS

Beto y José estaban jugando un juego.
Al final del juego, el que perdía le daba al ganador un centavo.
Después de un rato, José ganó 3 juegos
y Beto tenía 3 centavos más de con los que había empezado.
¿Cuántos juegos jugaron?

Resuelve el problema y luego busca una manera para demostrar si tu respuesta es la única posible.

THREE CENTS' WORTH

Beto and José were playing a game.

At the end of each game, the loser gave the winner a penny.

After a while, José had won 3 games

and Beto had 3 more pennies than he did when he began.

How many games did they play?

Solve the problem then find a way to show whether your answer is the only one possible.

TRES CAJAS

Cada una de estas tres cajas contiene dos canicas.

    Una tiene 2 canicas azules.

    Una tiene 2 canicas rojas.

    Una tiene 1 canica azul y 1 canica roja.

¡PERO, cada caja está marcada equivocadamente!

Lo que tienes que hacer es meter la mano en una de las cajas y sacar una canica, simplemente con mirar esa canica tienes que decir cuáles canicas están en las demás cajas.

¿Cómo se puede hacer esto?

Asegúrate de considerar todos los casos posibles.

Describe la lógica que usaste en obtener tu plan.

THREE BOXES

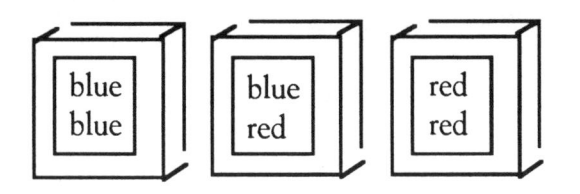

These three boxes each contain two marbles.
    One has 2 blue marbles.
    One has 2 red marbles.
    One has 1 blue marble and 1 red marble.

BUT each of the boxes has the wrong label!

You want to reach into one of the boxes
    and pull out a single marble,
    and just from looking at that one marble
    tell what's in all of the boxes.

How can this be done?
Be sure you consider all the possible cases.
Describe the logic you used in working out your plan.

TERCIOS Y CUARTOS

Ellery tomó 3/4 de un emparedado, pero sólo logró comerse 2/3 del pedazo que tomó.

Edwina tomó 2/3 de un emparedado del mismo tamaño al de Ellery, pero sólo logró comerse 3/4 de los que tomó.

¿Cuál de ellas dos comió más?

Explica por qué resulta la respuesta así.

THIRDS AND FOURTHS

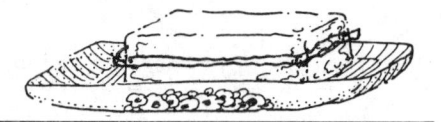

Ellery took 3/4 of a sandwich, but could eat only 2/3 of what he took.

Edwina took 2/3 of a sandwich the same size as Ellery's, but could eat only 3/4 of what she took.

Which of them ate more?

Explain why the answer works out as it does. Be sure to include a diagram or picture.

Pat estaba pensando en dos números
secretos.
Juntos sumaban a 5.

Su grupo dio 12 adivinanzas antes de que
descubrieron sus dos números. Cada
adivinanza era diferente, y cada adivinanza
era de dos números que sumaban a 5.

Pregúntale a una persona en tu grupo que
piense en otros dos números secretos, los
cuales suman a 6. Trata de dar por lo menos
12 adivinanzas antes de que encuentres la
respuesta. (Las más veces que adivines, lo
mejor, ¡pero TIENEN QUE sumar los
números a 6!)

Cada persona en el grupo tiene que pensar
en sus dos números secretos, los cuales se
sumarán a otro número. ¿Cuántas
adivinanzas puede hacer el grupo?

THE MORE GUESSES THE BETTER

Pat was thinking of two secret numbers.
Together they added to 5.

His group made 12 guesses before they found
his two numbers. Every guess was different,
and each guess was two numbers that added
to 5.

Ask one person in your group to think of
two other secret numbers that add to 6.
See if you can guess at least 12 times before
you find the answer. (The more guesses the
better, but they DO have to add to 6!)

Have each person in the group try thinking
of her or his own two secret numbers that
add to some other number, and see how
many guesses the group can make.

SENDEROS SISTEMATICOS

He aquí una figura geométrica con un insecto.

Describe cómo buscarías **sistemáticamente** todos los senderos posibles que el insecto pueda tomar, para ir hacia abajo, desde el punto A hasta llegar al punto B.

Describe y/o dibuja un diagrama del sistema de tu diseño.

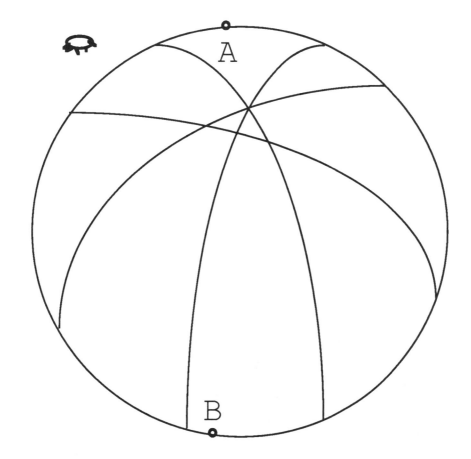

SYSTEMATIC PATHS

Here is a geometric figure with a bug.

Describe how you would **systematically** find all of the different paths that bug could take, to go downward, from point A to point B.

Describe and/or draw a diagram of the system you design.

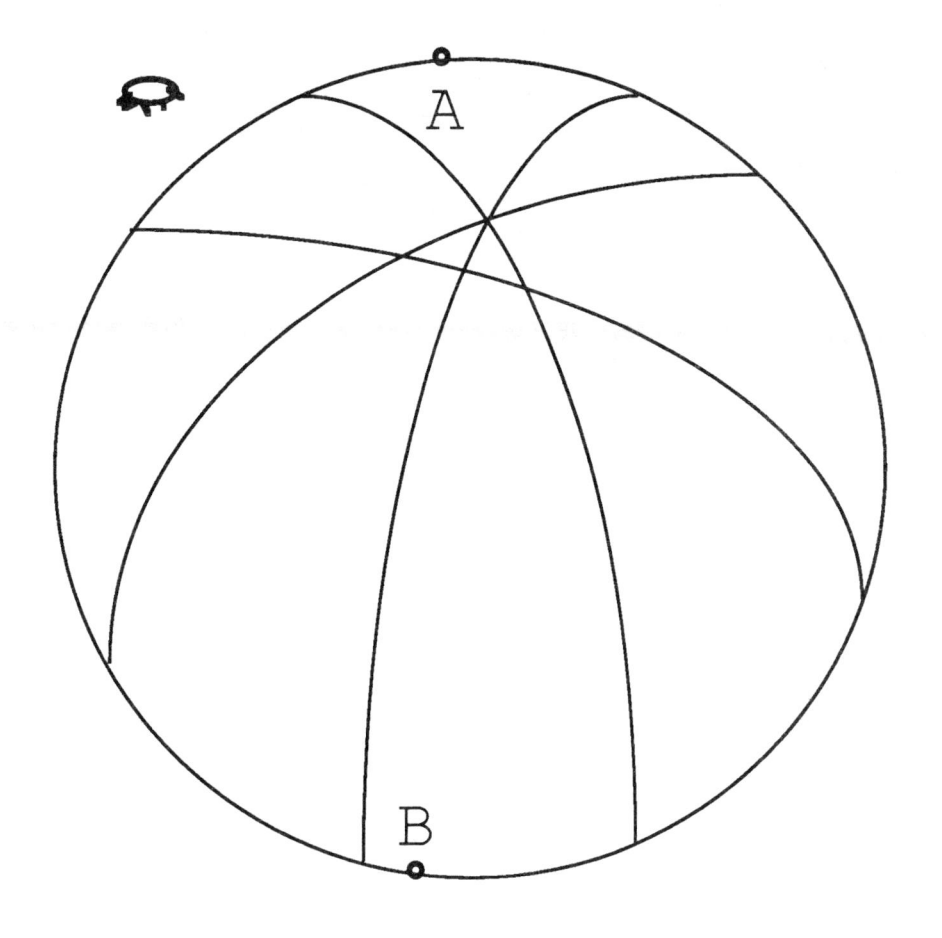

LA RESTA

Quieres enseñarle a tu vecino pequeño cómo restar números de dos dígitos. Trabaja tú solo, anotando lo que le dirás. Incluye diagramas y problemas ejemplares.

Cuando hayas terminado, trabaja tú solo o con un grupo para obtener otras nuevas instrucciones y diagramas, que le enseñarán a tu vecino de una manera diferente, en caso de que la primera manera no te haya funcionado.

SUBTRACTION

You want to teach your little neighbor how to subtract two-digit numbers. Work by yourself to write out what you will say. Include diagrams and sample problems.

When you have finished, work by yourself or with your group to come up with another new set of directions and diagrams that will teach your neighbor in a different way, in case the first way doesn't work.

SISTEMA DE SELLOS

Tienes un surtido ilimitado de sellos de 2¢, 5¢, y 11¢. Necesitas saber cuáles cantidades postales (de 10¢ a $2.00) no puedes hacer con los sellos que tienes, para que así puedas decidir qué otros sellos debes comprar.

Diseña una forma sistemática para encontrar cuáles cantidades postales puedes hacer o cuáles no puedes hacer.

STAMP SYSTEM

You have an unlimited supply of 2¢, 5¢, and 11¢ stamps.
You need to know which postage amounts (from 10¢ to $2.00) you cannot make, so you can decide what other stamps to buy.

Design a systematic way of finding out which postage amounts you can and cannot make.

EL CARACOL Y EL CONEJO

Un caracol y un conejo estaban corriendo del borde de la pradera para llegar a la última planta verde, la cual estaba a 20 metros de distancia del punto en donde empezaron.

El conejo le dio al caracol una ventaja de 10 metros.

El conejo corría a una velocidad de 1 metro por segundo, mientras que el caracol corría a un décimo de un metro por segundo.

¿A qué distancia habían corrido cada uno cuando el conejo alcanzó al caracol? ¿o no lo alcanzó? Explícalo por medio de palabras y/o diagramas.

¿Cuánta ventaja le hubiera dado el conejo al caracol?

SNAIL AND RABBIT

A snail and a rabbit were racing from the edge of the meadow to get to the last green plant, which was 20 meters away from where they started.

The rabbit gave the snail a 10-meter start.

The rabbit ran at a rate of 1 meter per second,
while the snail ran 1/10 meter per second.

How far had each gone when the rabbit caught up with the snail,
or did he catch up? Explain with words and/or diagrams.

How much head start should the rabbit really have given the snail?

SESENTA MILLAS APARTE

Tom y Tillie están 60 millas aparte.

Ellos van en bicicleta en el mismo camino hacia si mismos.

Tillie hace 12 millas por hora y

Tom hace 8 millas por hora.

¿En cuántas horas se encontrarán?

Busca por lo menos dos soluciones a éste problema.

SIXTY MILES APART

Tom and Tillie are 60 miles apart,

bicycling toward each other on the same road.

Tillie rides 12 miles per hour and

Tom rides 8 miles per hour.

In how many hours will they meet?

Solve this problem in at least two ways.

SIMPLETOWN

En Simpletown, las calles y las avenidas son demasiado simples.

Las calles que corren hacia el sur son nombradas por el alfabeto, de modo que la Calle A está al éste, la Calle B la sigue, luego viene la Calle C, y luego la Calle D.

Las avenidas que corren hacia el éste y el oeste son nombradas por números, con la Avenida 1ª, luego la 2ª y la 3ª, y luego la 4ª Avenida en el sur.

En la parte este del pueblo, la Avenida 2ª se curva hacia el norte, cruza la Avenida 1ª, y luego sale del pueblo.

En la parte sur del pueblo, la Calle A se curva hacia el oeste y cruza varias avenidas antes de que salga directamente fuera del pueblo hacia el oeste.

Dibuja un mapa de Simpletown. Compara tu mapa con el de otras personas y hablen de cómo es que son diferentes.

Dibuja algunos señales en tu mapa (la biblioteca, el mercado, el centro de patinar, o cualquier otra cosa que quieras). Escribe las direcciones de cómo llegar de un lugar a otro.

SIMPLETOWN

In Simpletown, the streets and avenues are very simple.

The streets that run north and south are named for the alphabet, so that A Street is in the east, B Street is next to it, then C, then D Street.

The avenues that go east and west are named for numbers, with 1st Avenue in the north, then 2nd and 3rd, and then 4th Avenue in the south.

On the eastern edge of town, 2nd Avenue curves to the north, crosses 1st Avenue , and goes on out of town.

On the southern edge of town, A Street curves to the west and crosses several avenues before it goes straight out of town to the west.

Draw a map of Simpletown. Check your map with other people's and talk about how they are different.

Draw some landmarks on your map (the library, grocery store, rollerblade center, or whatever else you want). Write directions for getting from place to place.

© 1995 EQUALS, Lawrence Hall of Science, University of California at Berkeley, *101 Short Problems*

CUERO PARA ZAPATOS

Tu hermano mayor, el cual está empleado, te acaba de comprar un nuevo par de zapatos por $100. Se supone que te tienen que durar 5.000 millas de caminar.

Tu hermano te dice que será tu responsabilidad de ahorrar tu dinero para comprar tu próximo par, el cual vendrá de tu trabajo fuera de horas de tus clases.

Haz estimado que caminas 10 a 15 millas cada día.

Haz un plan para averiguar cuánto dinero debes ahorrar cada semana para estar seguro que tendrás lo suficiente para cuando necesites nuevos zapatos.

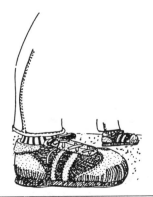

SHOE LEATHER

Your older brother, who has a good job, has just bought you a new pair of shoes for $100. They are supposed to last for 5,000 miles of walking.

Your brother says you have to save your own money for the next pair, from your after-school job.

You have estimated that you walk between 10 and 15 miles every day.

Make a plan for how much money you should save every week to be sure you will have enough when you need new shoes.

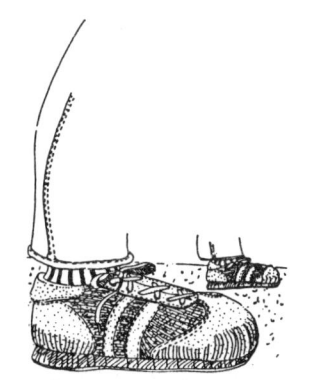

MOSTRADOR DE EMPAREDADOS

Domingo llegó a trabajar y se fue detrás del mostrador de emparedados al extremo norte.

Detrás del mostrador, su vista se dirigía hacia el norte a su derecha y hacia el sur a su izquierda.

Mientras que estaba parado al extremo norte, un cliente ordenó un emparedado. Estos fueron los pasos que tomó Domingo en hacérselo.

- 3 pies hacia su derecha para levantar el pan
- 2 pies hacia su derecha para poner el pan en el plato
- 4 pies hacia la izquierda para recoger la mayonesa y los pepinos
- 2 pies hacia su izquierda para recoger el cuchillo y la cuchara
- regresó a donde estaba el pan en el plato
- se dio la vuelta para agarrar el salame del refrigerador
- hizo el emparedado
- 3 pies hacia la izquierda para servirle al cliente
- 4 pies hacia la izquierda para agarrar un refresco para el cliente
- regresa con el cliente para darle su bebida
- va hacia el extremo sur del mostrador para colectar el dinero del cliente

Dibuja un diagrama del mostrador y su arreglo.
Da sugerencias para obtener un arreglo eficaz.

SANDWICH COUNTER

Domingo arrived at work and went behind the sandwich counter at the north end.

As he faced out over the counter, north was to his right, south to his left.

While he was standing at the north end, a customer ordered a sandwich. Domingo went through these steps:

- 3 feet to his left to pick up bread
- 2 feet to his right to put the bread on a plate
- 4 feet to his left to pick up mayo and pickles
- 2 feet to his left to pick up knife and spoon
- returned to where the bread was on the plate
- turned around and got the salami out of the refrigerator
- put the sandwich together
- 3 feet to the left to serve the customer
- 4 feet to the left to get a beverage for the customer
- back to the customer to hand over the beverage
- to the south end of the counter to take the customer's money.

Draw a diagram of the counter and its arrangement.
Make suggestions for a more efficient arrangement.

© 1995 EQUALS, Lawrence Hall of Science, University of California at Berkeley, *101 Short Problems*

OSOS CORRIENDO

Los tres osos oyeron un rumor que alguien estaba haciendo una búsqueda desordenada en su casa, de modo que ellos corrieron lo más pronto posible a su casa.

De hecho, ellos corrieron tan rápido que sus patas de enfrente ni siquiera tocaron el suelo-¡sólo sus patas traseras!

La Mamá Osa tuvo que tomar dos pasos para cada uno que tomaba el Papá Oso. El Bebé Oso tuvo que tomar tres pasos para cada uno que tomaba el Papá Oso.

Dio la casualidad de que los tres osos empezaron a correr con su pata izquierda. ¿Cuántos pasos tendría que tomar cada uno para que los tres caerían de nuevo, al mismo tiempo, en su pata izquierda?

(P.D. Para averiguar tu razonamiento, ¡sería una buena idea tratar de resolver éste problema en más de una manera!)

The three bears heard a rumor that somebody was rummaging around in their house, so they ran home as fast as they could.

In fact, they ran so fast that their front feet didn't touch the ground at all—just their hind feet!

Mama Bear had to run two steps for every one step Papa Bear ran. Baby Bear had to run three steps for every one step Papa Bear ran.

It happened that they all started out with their left foot.
How many steps would each of them take before they all landed again, at the same time, on their left feet?

(P.S. To check your thinking, it would be a good idea to try to solve this in more than one way!)

REGLAS DE MEDIR

Si medirías un objeto con 5 diferentes reglas y obtendrías 5 diferentes respuestas, ¿cómo decidirías cuál es la correcta?

Primero piensa acerca de tu propia respuesta a este problema, luego habla acerca de ello con al menos otras 5 personas (o más si puedes). Luego escribe tu respuesta.

RULERS

If you measured an object with 5 different rulers and got 5 different answers, how would you decide which is correct?

First think about your own answer to this question, then talk about it with at least five other people (and more if you can). Then write your response.

DALE VUELTA AL PLATO

Usa un plato, un lápiz, y un pedazo de papel. Pega el papel en la pared junto a una mesa, el piso, u otra superficie plana. ¡Que alguien te ayude!

Pon una marca a la orilla del plato (o mejor, hazle un agujero en el plato.) Después, dale vuelta a lo largo del papel, trazando el sendero del punto.

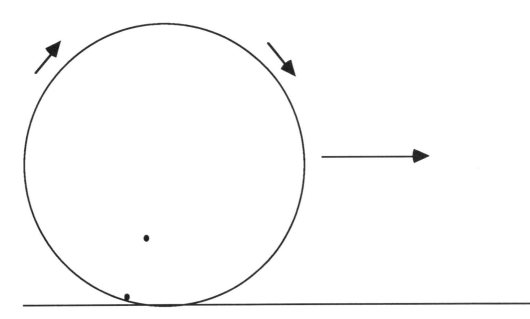

- ¿Cómo puedes trazar el sendero de la marca?

- ¿Qué forma hace el sendero?

- ¿Qué tal si le añadieras otra marca 1 pulgada en frente de la primera marca en la orilla del plato? ¿Cuál sería su sendero si le dieras vuelta al plato?

- ¿Camina la marca de adentro tan lejos como la de afuera? ¿Cómo sabes esto?

- ¿Cuál sendero tomaría el centro del plato?

- Trata de trazar los senderos de las otras formas. Por ejemplo, dale vuelta a un cuadrado, un hexágono o un trapezoide.

ROTATE THAT PLATE

Use a paper plate, a pencil, and a piece of butcher paper taped to a wall next to a tabletop, floor, or other flat surface. And you'd better get somebody to help you!

Mark a spot on the rim of the plate (or better yet, poke a hole in the plate,) then roll or rotate it along the paper, tracing the path of the spot.

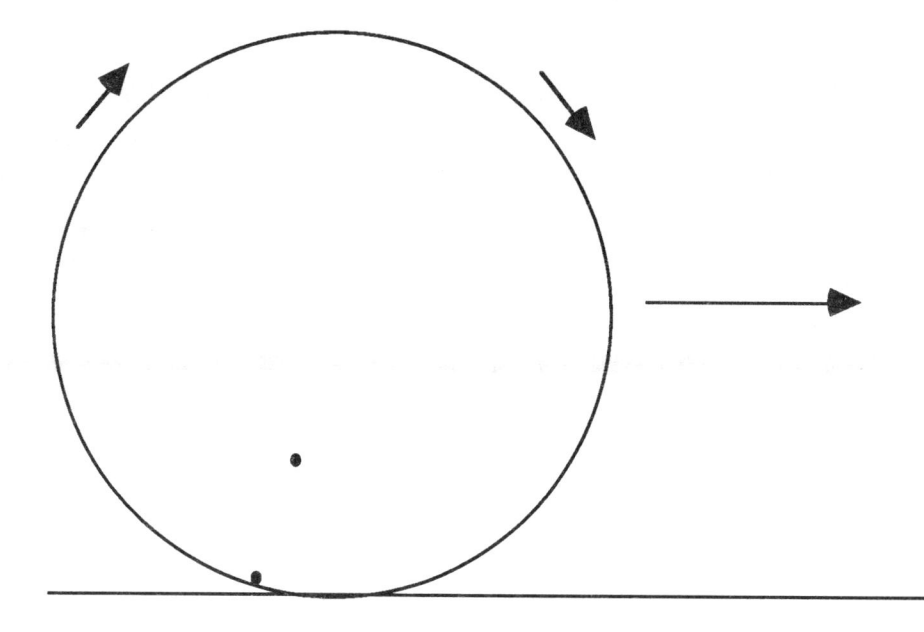

- How can you trace the path of the spot?

- What shape does the path make?

- What if you added another dot, 1 inch in from the spot on the rim of the plate? What would its path be if you rotated the paper plate?

- Does the inner dot travel as far as the outer dot? How do you know?

- What path would the center of the plate make?

- Try tracing the turning paths of other shapes. For example, rotate a square, a hexagon, or a trapezoid.

ALQUILAR DE VIDEOS

Tu familia está tratando de averiguar cuál tienda tiene los mejores precios para alquilar videos para el próximo mes.

Imagínate que hay tres tiendas en tu área.
Esperas alquilar unos 15 videos.

A este tiempo tu grabadora de video está descompuesta, de modo que tendrás que alquilar otra también.

Quizás quisieras mirar los anuncios en el periódico o llamar o visitar algunas tiendas de video.

Haz un plan que te ayude averiguar toda la información necesaria para obtener lo máximo por tu dinero. ¿Qué necesitas tomar en consideración?

Si prefieres no trabajar en un proyecto de VCR, cambia el tópico para comestibles, ropa, zapatos, o cualquier otro objeto que te interese.

RENTING FILMS

Your family is trying to figure out which store gives the best deal for renting VCR films for the next month.

Imagine there are three stores in your area.
You expect to rent about 15 movies.

Your VCR machine is out of order right now, so you'll also have to rent VCR equipment from whichever store you decide on.

You might want to look for newspaper ads, or call or visit a couple of video stores.

Make a plan that will help you find out all the necessary information to get the most for your money. What are all the things that you need to consider?

If you would rather not work on a VCR project, change the topic to groceries, clothing, shoes, or some other item you are interested in.

REFRIGERADOR

Cuando Damián llegó a casa de la escuela, corrió como de costumbre, al refrigerador.

Después de mirar por todos los estantes, el gritó, «Mamá, ¿sabía usted que hay tres veces más fresas que cerezas, y que hay la mitad de cerezas que naranjas? ¡Y no hay leche!»

Representa esta información de tantas maneras como puedas, empezando con un diagrama, una tabla (una tabla matemática, ¡no de cocina!), y una oración numérica.

REFRIGERATOR

When Damien got home from school, he rushed, as usual, to the refrigerator.

After looking all through the shelves, he shouted, "Mom, did you know that there are three times as many strawberries as there are cherries, and half as many cherries as there are oranges?!! And there's no milk at all!!

Represent this information in as many ways as you can, starting with a diagram, a table (a mathematical table, not a kitchen table!), and a number sentence.

RAZONES Y FRACCIONES

Una **fracción** se refiere a una parte de un entero o de un conjunto.

Una **razón** es la medida relativa de dos números.

Trabaja con un grupo en este proyecto. Hagan un diagrama de Venn u otra manera de dividir en grupos, y hablen de qué categorías pertenecen cada una de las siguientes relaciones.

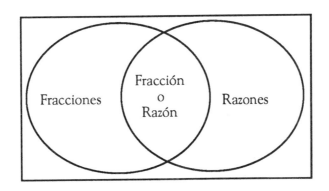

Muchachas en la clase	Muchachos en la clase
Muchachas en la clase	Estudiantes en la clase
Notas musicales	Medidas musicales
Precio original de un objeto	Cantidad del descuento en una venta
Precio de un objeto con descuento	Porcentaje del descuento
Area de un cuadrado	Longitud de un lado de un cuadrado
2 tazas	4 tazas
4 tazas	1 cuarto de galón
Tazas en el alacena	Platillos en el alacena
Pesetas	Dólares
5 sombreros	6 cabezas
Millas viajadas	Tiempo viajado
Sueldo	1 hora
Sueldo por hora	Horas trabajadas

RATIOS AND FRACTIONS

A fraction refers to part of a whole or of a set.

A ratio is the relative size of two numbers.

Work with your group on this project. Make a Venn diagram or other way of sorting, and discuss in which category each of the following relationships belongs.

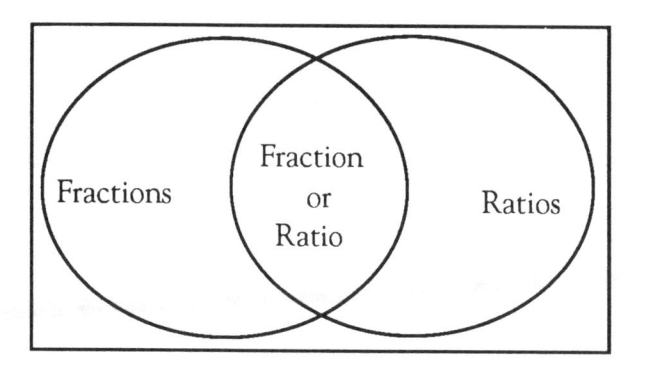

Girls in the class.............................Boys in the class

Girls in the class.............................Students in the class

Musical notes ....Musical measures

Original price of an item ....Amount of discount in a sale

Discounted price of an item...........Discount percent

Area of a square ....Length of one side of the square

2 cups ....4 cups

4 cups ....1 quart

Cups in the cupboard.....................Saucers in the cupboard

Quarters ....Dollars

5 hats...6 heads

Miles travelled ....Time travelled

Rate of pay ....1 hour

Pay per hour ....Hours worked

RAZON Y PROPORCION

La **Razón** es la medida relativa de dos números.

La **Proporción** es la igualdad de dos raciones.

Por ejemplo, para el par de números 1 and 2, la **razón** se puede expresar como «1/2» ó como «1:2» ó de «1 a 2» ó como «1÷ 2». Otros pares que tengan la misma **proporción** pueden ser 2 y 4, 5 y 10, 3 1/2 y 7, ó 6n y 12n.

Trabaja con un grupo o con un compañero.

Considera que los números sean 3 y 4.

Expresa la relación de razones en diferentes maneras, e identifica otros pares de números que tengan la misma proporción.

Describe una situación real que quizás use ésta razón o proporción.

Haz lo mismo con otros pares de números como estos:	1/2 y 1/4
	1 y 1000
	4 y 2
	2.5 y 1.5
	5 y c
	a y b

© 1995 EQUALS, Lawrence Hall of Science, Universidad de California en Berkeley, *101 Problemas Cortos*

RATIO AND PROPORTION

Ratio is the relative size of two numbers.

Proportion is the equality of two ratios.

> For example, for the pair of numbers 1 and 2, the **ratio** could be expressed as "$\frac{1}{2}$" or as "1:2" or as "1 to 2" or as "1÷ 2".
>
> Other pairs that have the same **proportion** might be 2 and 4, 5 and 10, $3\frac{1}{2}$ and 7, or 6n and 12n.

Work with a group or a partner.

Consider the numbers 3 and 4.

Express their ratio relationship in several ways,

and identify some other pairs of numbers that have the same proportion.

Describe a real situation that might use this ratio or proportion.

Do the same	$\frac{1}{2}$ and $\frac{1}{4}$
with other pairs of	1 and 1000
numbers such as these:	4 and -2
	2.5 and 1.5
	5 and c
	a and b

CUARTOS

Describe por lo menos dos modos para averiguar qué fracción cada uno de los cuadros más chicos es del cuadro más grande.

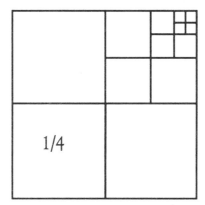

Enseña la misma idea usando otro modo diferente, o con otros tipos de números.

QUARTERS

Describe at least two ways of finding out what fraction each of the smallest squares is of the biggest square.

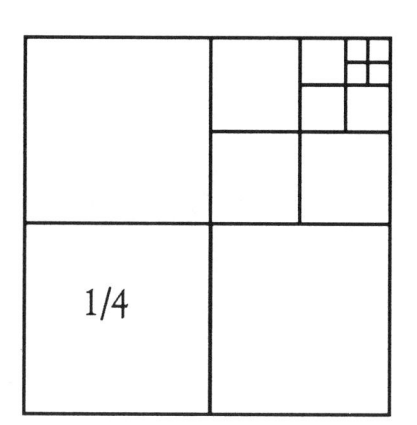

Show the same idea in a different way, or with other kinds of numbers.

COSECHA DE CALABAZAS

El Sr. Appleberry trajo calabazas a la clase de ciencia, una para cada grupo.

La primera tarea fue medir las calabazas, pero las escalas que tenían no registraban ningún peso menos de 7 libras, y parece que dos o tres calabazas medían menos que eso. La clase decidió que podían medir las calabazas dos a la vez, de modo que midieron cada calabaza con cada una de las demás.

Las medidas registradas en la escala fueron de:
7 libras
8 libras
9 libras
10 libras
11 libras
12 libras

¿Cuántas calabazas habían y cuánto medía cada una?

Describe, usando diagramas, palabras, o por otros medios, cómo llegaste a tu respuesta.

Sugerencias:
¿Haz tratado manipulativas?
¿Cuál es la calabaza más grande
posible?

PUMPKIN CROP

Mr. Appleberry brought in pumpkins for science class, one for each group.

The first task was to weigh the pumpkins, but the scales they had wouldn't register any weight under 7 pounds, and it seemed that two or three pumpkins were under that weight. The class decided that they could weigh the pumpkins two at a time, so they weighed each pumpkin with each of the other pumpkins.

The weights registered on the scale were:

      7 pounds
      8 pounds
      9 pounds
     10 pounds
     11 pounds
     12 pounds

How many pumpkins were there, and how much did each weigh?

Describe by diagram, words, or other ways how you arrived at your answer.

Hints:
Have you tried manipulatives?
What's the biggest possible pumpkin?

TECLAS DEL PIANO

Hay 88 teclas en la mayoría de los pianos.
Algunos teclados eléctricos tienen 49 teclas.

¿Qué porcentaje de teclas del piano o de teclado eléctrico son negras?
¿Es el porcentaje el mismo aunque el número de teclas sea diferente?

PIANO KEYS

There are 88 keys on most pianos.
Some electric keyboards have 49 keys.

What percent of piano or keyboard keys are black?
Is the percent the same even on a piano with a different number of keys?

LLAMADA TELEFONICA

Tienes una copia del logotipo nuevo para tu equipo en tu escritorio. El periódico local llama y dice que necesita una descripción precisa, de inmediato, para que lo puedan incluir en el periódico. (No hay FAX ni hay tiempo para que un mensajero te lo lleve a la oficina del periódico.) Este es el logotipo:

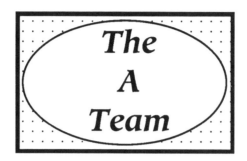

Escribe tu descripción y subraya las dos o tres cosas más importantes que quieras que ellos sepan.

Pon a un amigo/a a que trate de seguir tu descripción para ver si funciona.
Revísala e inténtala de nuevo.

PHONE CALL

You have a copy of the new logo for your team on your desk. The local newspaper calls and says they need an accurate description of it, immediately, so they can put it in the paper. (There is no FAX and no time for a messenger to take it to the newspaper office.) This is the logo:

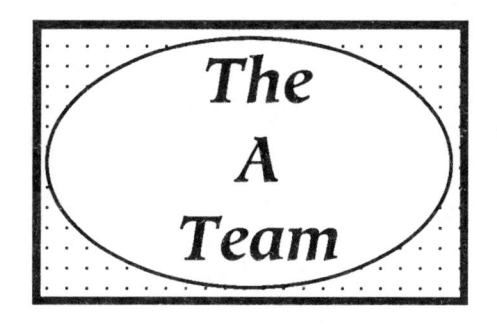

Write out your description, and underline the two or three most important things you will want them to know.

Have a friend try to follow your description to see if it works. Revise it and try it again.

¿MASCOTAS PARA TODOS?

Los estudiantes de quinto grado hicieron una encuesta de las mascotas que tenían. Encontraron que la mitad de la clase tenía peces y la otra mitad tenía gatos. Alguna gente pensó que ésto significaba que cada quien tenía una mascota, ya sea un gato o un pez. Escribe una explicación para la clase, incluyendo diagramas, si esto es verdad o no. Asegúrate de dar explicaciones para tu razonamiento.

PETS FOR ALL?

The students in a 5th grade class made a survey of the pets they owned. They found that half of the class had fish and half had cats. Some people thought this must mean that everyone had a pet, either a cat or a fish. Write an explanation for the class, including diagrams, of whether this is true or not. Be sure to give the reasons for your opinions.

ESTACIONAMIENTO DE AUTOMOVILES

Un autobús extra grande puede tener 55 pies de largo. Algunos
automóviles miden 19 pies de largo. Tu compañía tiene un espacio para
estacionamiento que mide 100 pies de ancho y 300 pies de largo.
Necesitas espacio suficiente para 5 autobuses, y el resto del espacio es
para los automóviles.

Haz un plan para un lugar de estacionamiento de automóviles que pueda
tener el mayor número posible de automóviles.
Si es posible, busca algunos carritos y autobuses de juguete para usar en tu
estacionamiento de automóviles. ¿Necesitan espacio para voltearse?

Visita un estacionamiento de automóviles real
y ve haber si ellos planearon los espacios del mismo
tamaño, al igual que tú.

PARKING LOT

An extra-large bus might be 55 feet long. Some cars are 19 feet long. Your company has a space for parking that is 100 feet wide and 300 feet long. You need space for about 5 busses, and the rest of the space can be for cars.

Plan a parking lot that will hold as many cars as possible.
> If possible, find some toy cars and busses to try out in your parking lot. Do they need space to turn around?

Visit a real parking lot and see whether they planned the same sized parking spaces as you did.

PAPEL EN LA MESA

Hay 5 hojas de papel en el centro de la mesa.
Hay 4 niños sentados alrededor de la mesa.

¿Cómo pueden ellos dividirse el papel justamente?
Explica por qué tu manera es justa.

¿Hay otra manera de dividir el papel justamente? Explícala.

PAPER ON THE TABLE

There are 5 sheets of paper in the middle of the table.
There are 4 children at the table.

How can they divide the paper fairly?
Explain why your way is fair.

Is there another way to divide the paper fairly? Explain.

CORTE DE PAPEL

- Dobla una hoja de papel por la mitad, después dóblala por la mitad de nuevo.

- Para la próxima parte puedes abrir la hoja de papel o puedes dejarla doblada.

- Corta el pedazo de papel en dos partes, de modo que una de la piezas sea 7 veces más grande que la otra.

- Explica cómo decidiste dónde cortarle.

- Habla con otros estudiantes para ver cómo decidieron ellos dónde cortar, y cómo difieren sus cortes.

PAPER CUT

- Fold a piece of paper in half, then in half again.

- For the next part you may open it up again, or leave it folded.

- Cut the paper into two parts so that one of the pieces is 7 times larger than the other piece.

- Explain how you decided where to cut.

- Check with others about how they decided where to cut, and how their cuts were different.

© 1995 EQUALS, Lawrence Hall of Science, University of California at Berkeley, *101 Short Problems*

PLAN DE EMPAQUE

Escoge un objeto que está en el salón de clase o en tu casa.
(algo que sea más grande que un lápiz, pero que no sea
más grande que tu silla)

Imagínate que necesitas empacar una docena de este objeto en una caja
de cartón.

Diseña una caja individual para cada objeto (habrán 12 de ellos, por
supuesto) y una caja en donde todos quepan.

Dibuja un esquema de ambas cajas y dibuja diagramas de las cajas como
se mirarían en una fábrica de caja, toda aplanada.

Ten cuidado de que tu diseño y tus instrucciones estén completas, con
dimensiones y otra información, de modo que alguien pudiera realmente
construir las cajas si quisiera.

PACKING PLAN

Choose an object in the classroom or at home.
> (something that is bigger than a pencil, but not as big as
> your chair)

Imagine that you need to pack a dozen of these into a carton.

Design a container for each individual item (there will be 12
of those, of course) and a carton they will all fit into.

Draw sketches of both kinds of boxes, and draw diagrams of
the boxes as they would look in a box factory, all flattened out.

Be sure your design and directions are complete enough, with
dimensions and other information, so that somebody could
really make the boxes if they wanted to.

CINTA DE EMPAQUE

Marunda va a enviar algunos paquetes y
necesita saber cuánta cinta de empaque
necesitará.

Desafortunadamente, todavía no sabe
cuántos paquetes habrán.

Los paquetes son de 5 pulgadas por 5 pulgadas por 5 pulgadas.
La cinta debe de ir alrededor del paquete una vez en cada dirección, con
2 pulgadas de superposición.

Haz un plan para Marunda, el cual le dirá rápidamente cuánta cinta ella
ocupará para cualquier número de paquetes.

PACKAGE TAPE

Marunda is going to mail some
packages and needs to know how
much tape will be needed.

Unfortunately, she doesn't yet know
how many packages there will be.

The packages are 5 inches by 5 inches by 5 inches.
The tape needs to go once around in each direction, with 2-inch
overlaps.

Make a plan for Marunda that will tell her quickly how much tape
she will need for any number of packages.

HABIA UNA TABLA

Esta es parte de una tabla de multiplicación.

1	2	3	4	5	6
2	4	6	8	10	12
3	6	9	12	15	18
4	8	12	16	20	24
5	10	15	20	25	30
6	12	18	24	30	36

Circula los números que sólo aparezcan una vez.

¿Por qué aparecen solamente una vez? ¿Qué tipo de números son?

¿Por qué aparecen otros números por lo menos dos veces?

¿Qué tal de los números que aparecen más de dos veces?

ONCE UPON A TABLE

This is part of a multiplication table.

1	2	3	4	5	6
2	4	6	8	10	12
3	6	9	12	15	18
4	8	12	16	20	24
5	10	15	20	25	30
6	12	18	24	30	36

Circle the numbers that show only once on this table.
Why do they show only once? What kind of numbers are they?

Why do other numbers show at least twice?
What about numbers that show more than twice?

ENFERMERO

El nuevo enfermero del cuarto piso del hospital tuvo un día demasiado ocupado.

Primero, la paciente en el cuarto en medio del piso quería que alguien le mirara la mancha roja en su dedo gordo del pie, el cual estaba enyesado.

Después, el paciente tres puertas al este en el mismo pasillo, sonó la campanilla y se quejó que no le habían llevado su almuerzo. ¡Por cierto que él tenía razón! De modo que el enfermero tenía que ir a la despensa, la cual estaba 5 cuartos para atrás en la parte oeste del hospital, para pedir otro almuerzo.

De repente, la campañilla sonó en el cuarto que queda 7 puertas hacia la parte éste del corredor, porque había una emergencia. El enfermero y varios doctores estaban allí por un tiempo. Salvaron al paciente y todo estaba bien.

Para ese tiempo, el enfermero tenía que tomar apuntes en su diario, el cual estaba a 4 cuartos al éste.

Afortunadamente, después de eso era tiempo para tomar un descanso, de modo que se fue al salón de los enfermeros, que estaba dos cuartos hacia la parte éste del corredor.

¿Cuántos cuartos había en el cuarto piso?

Cuando hayas resuelto el problema, busca otra manera para ver si tu respuesta está correcta.

¿Cuáles son algunos errores lógicos en este problema?

NURSE

The new nurse on the fourth floor of the hospital had a really really busy busy day.

First it was the patient in the middle room of that floor, who wanted somebody to look at a red spot on her big toe, which was in a cast.

Then the patient 3 rooms farther down at the east end of the hall rang and complained that his lunch hadn't been delivered. Sure enough, he was right! So the nurse had to go to the pantry, which was 5 rooms back to the west, to arrange for another lunch.

Suddenly, the buzzer sounded from the room 7 doors toward the eastern end of the hall, to take care of a serious emergency. The nurse and several doctors were there for quite a while. They saved the patient, and all was well.

By that time, the nurse had to make entries in the nurse's log, which was 4 more rooms to the east.

After that, thank goodness, it was time for a break, so he went two more rooms toward the east end of the hall, to the nurses lounge.

How many rooms were there on the fourth floor?

When you have solved the problem, find another way, to check whether your answer is right.

What are some logical mistakes in this problem?

© 1995 EQUALS, Lawrence Hall of Science, University of California at Berkeley, *101 Short Problems*

NUMEROS DE INTERES

El número **doce** es un número muy interesante. Por ejemplo:

Es el primer número que tiene seis factores.
Se usa para contar huevos y bolillos.
Tiene un nombre especial, «una docena».
Es divisible por ambos números pares e impares.
Hay 12 meses en un año.

> ¿Qué más puedes decir sobre el número 12?
> Haz una lista de otras tres cosas.
> Junta todas las declaraciones de tu clase y haz una
> muestra o una libreta con ellas.

Escoge otro número para un reporte sobre lo que te parace interesante de el. Ideas para empezar:

> ¿Dónde se usa y dónde ocurre en la vida real?
> ¿Qué se sabe de sus factores?
> ¿Qué se sabe de sus divisores?
> ¿Qué se sabe de sus múltiplos?
> ¿Cómo se usa en fracciones o decimales?
> ¿Se usa para un propósito especial en otras áreas de la
> matemática?
> ¿Aparece en la tabla de multiplicación?
> ¿Cuántos círculos o ángulos tiene?
> ¿Es parte de una serie de números, como por ejemplo,
> cuadrados o números triangulares, etc.?

NUMBERS OF INTEREST

Twelve is a very interesting number. For example:

It's the first number that has six factors.
It's used to count eggs and baker's rolls.
It has a special name, a "dozen."
It's divisible by both odd and even numbers.
There are 12 months in a year.
What else could you say about 12?
List at least three more things.
Put together all the statements from your class
and make a display or booklet.

Choose another number for a report of what's interesting about it.
Some idea starters:

Where is it used or where does it occur in real life?
What about its factors?
What about its divisors?
What about its multiples?
How is it involved in fractions or decimals?
Is it used for a special purpose in other parts of mathematics?
Does it appear in a multiplication table?
How many circles or angles does it have?
Is it part of an interesting set of numbers,
such as squares or triangular numbers, etc.?

© 1995 EQUALS, Lawrence Hall of Science, University of California at Berkeley, *101 Short Problems*

REDES

Una «red» es un patrón, el cual se puede doblar para construir una forma sólida.

Estas redes se doblarán para formar un cubo.

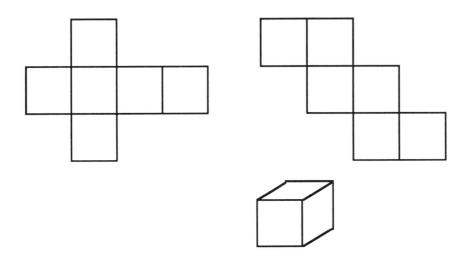

Diseña por lo menos otras tres redes, las cuales se doblarán para caber dentro de una caja larga y angosta.

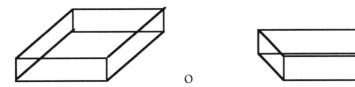

o

Escoge otro poliedro y haz un diseño para el. Aquí hay algunas ideas:
Hexaedro
Decaedro
Prisma Hexagonal
Paralelepípedo
Cilindro
Cono
Esfera
Una caja especial en la cual apenas cabrá un objeto que quieras cubrir.

NETS

A "net" is a pattern that can be folded to make a solid shape.

These nets will fold into a cube.

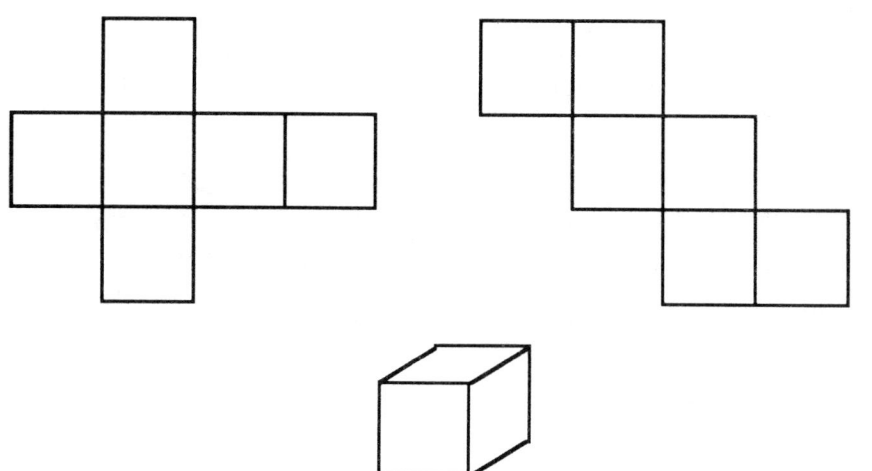

Design at least three other nets that will fold into a long, thin box.

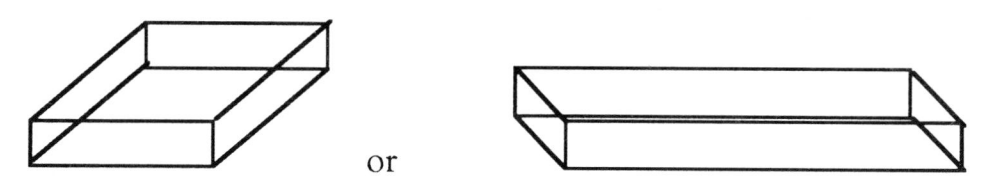

or

Choose another polyhedra and make a net design for it. Here are some ideas:

  Hexahedron
  Decahedron
  Hexagonal prism
  Parallelepiped
  Cylinder
  Cone
  Sphere
  A special box that will just fit some object you want to cover.

CAJAS

La maestra tenía una serie de cuatro cajas
(del tipo que caben una dentro de la otra).
Cada caja era tres veces el volumen
de la próxima más pequeña.
El volumen total era de 80 pulgadas cúbicas.

De esta información,
¿qué más podrías decir sobre las cajas?

NESTING BOXES

The teacher had a set of four nesting boxes
(the kind that fit inside each other).
Each box was three times the volume
of the next smaller one.
Their total volume was 80 cubic inches.

From this information,
what else could you say or picture about the boxes?

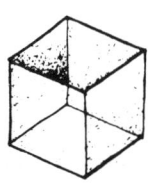

62

MAPA DE NEDBURY

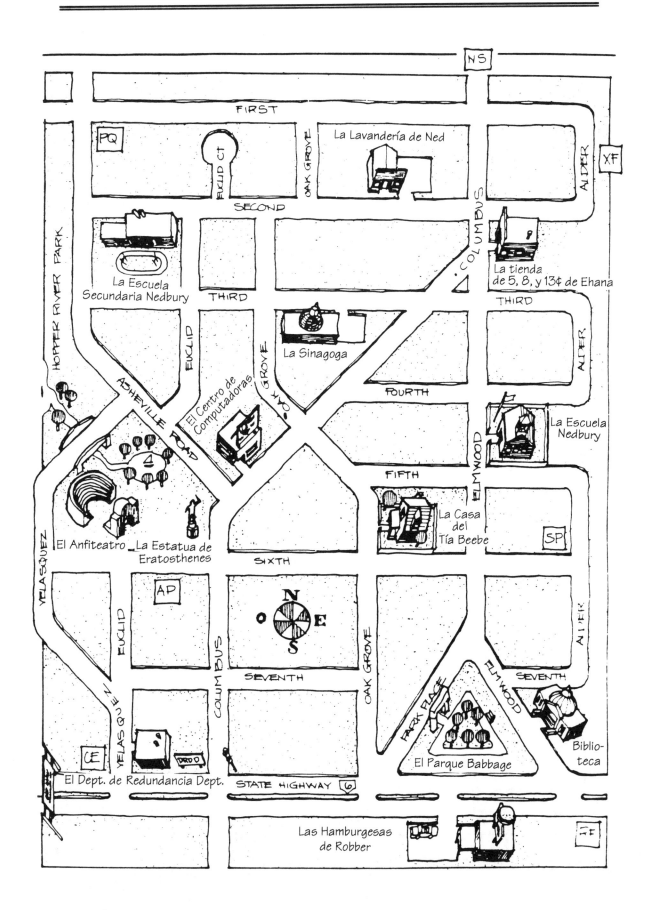

NEDBURY MAP

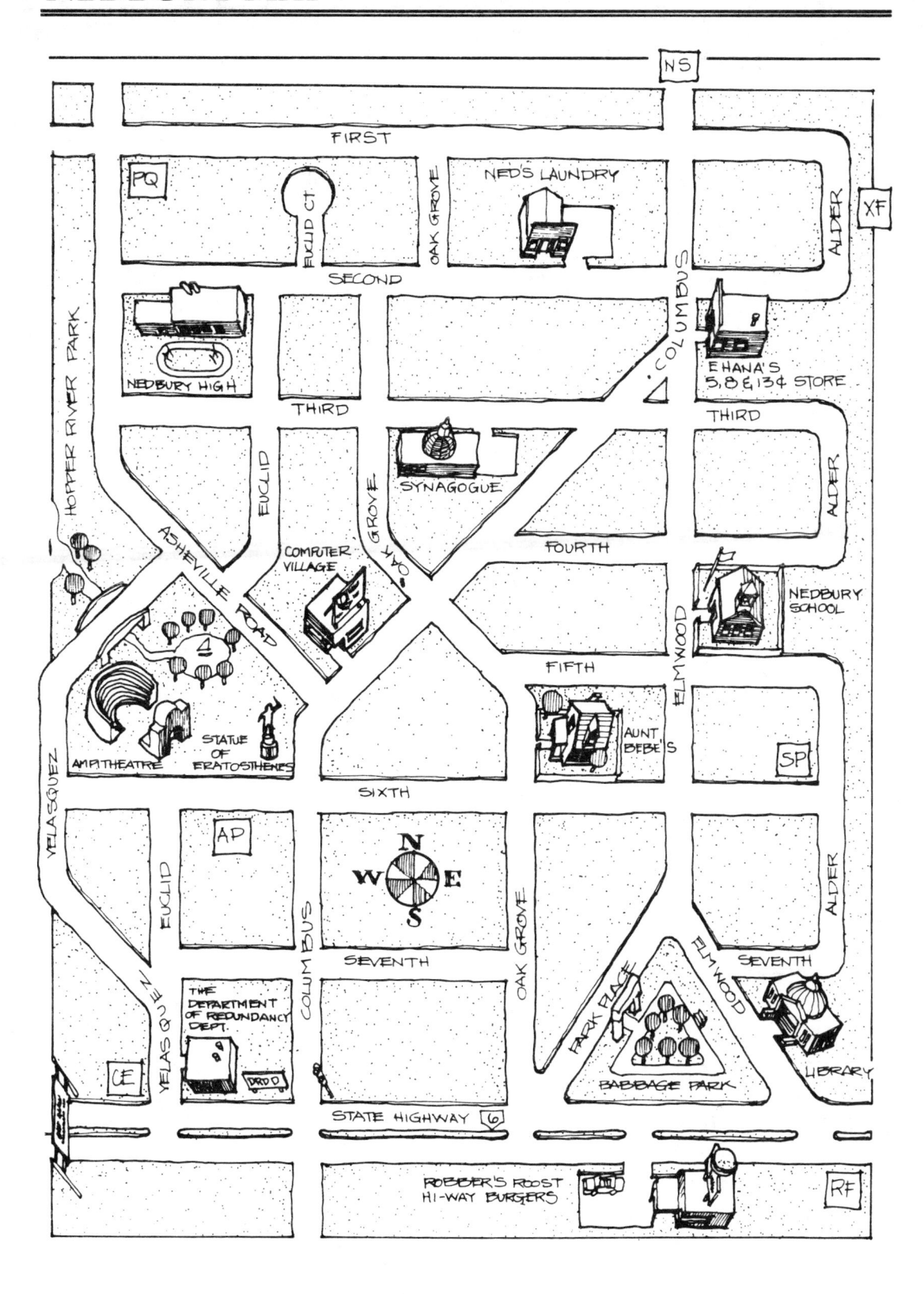

NEDBURY VISITADO DE NUEVO

Nagler había vivido en Nedbury por mucho tiempo. El podía dar direcciones para llegar desde cualquier parte hasta cualquier parte, aún con sus ojos cerrados. En la siguiente página hay un mapa de Nedbury y puedes dejar tus ojos abiertos.

Trabaja con un compañero/a para escribir las direcciones para cada una de los siguientes.

Si es posible, haz una copia del mapa para dibujar los senderos.

•De la Lavandería de Ned al Departamento de Redundancia
Departamento:

•De la Biblioteca a la Secundaria de Nedbury y de nuevo a la Biblioteca:

•De la esquina noreste de la ciudad a la esquina sureste:

•El automóvil no da vuelta a la izquierda, y necesitas ir del Parque Babbage al campo de atletismo de la Secundaria de Nedbury:

•Quieres ir por todas las calles (o lo mas que puedas) sin pasar más de una vez por cada una:

NEDBURY REVISITED

Nagler had lived in Nedbury for a long time. He could give directions to get from anywhere to anywhere, even with his eyes closed. On the next page is a map of Nedbury, and you can keep your eyes open.

Work with a partner to write the directions for each of these. If possible, make a copy of the map to draw the paths.

- Ned's Laundry to the Department of Redundancy Dept.:

- The Library to Nedbury High and back again:

- The Northwest corner of town to the Southeast corner:

- The car won't turn left, and you need to go from Babbage Park to Nedbury High athletic field:

- You want to go on all the streets (or as many as possible) without going twice on any of them:

DA DOS NUMEROS

En este problema se trata de aprender de uno al otro, cómo hacer mejores estimaciones. La estimación no solamente es hacer una adivinanza, es el hacer una adivinanza **que tiene sentido.**

Dando estimaciones cuidadosas puede ayudarnos a ser más precisos, mientras que ponemos más atención a las respuestas posibles.

> Escoge dos números que tu *creas* que puedan ser multiplicados para dar un resultado de 252.
> Explica cómo decidiste escoger esos números.
>
> Compara tus respuestas con las contestaciones de las demás personas en tu grupo.
> ¿Cuáles son algunas de las cosas que tomaron en consideración?
> ¿Usaron procesos diferentes?

NAME TWO NUMBERS

This is about learning, from each other, how to become better at estimating. Estimation is not just guessing—it's **educated** guessing. Thoughtful estimating can make us more accurate as we pay attention to what answers could possibly result from problems.

> Name two numbers that you *think* can be multiplied together to give the answer of 252.
> Explain how and why you decided on those numbers.
>
> Compare your response with those of others in your group.
> What were some of the things you each took into consideration?
> Did you use different processes?

EL LIBRO DE LA MULTIPLICACION

De cada persona o grupo en tu clase, colecta un cartel pequeño
(8 1/2 x 11) que ilustre el método de ellos para multiplicar números de
dos dígitos. Pon todos los carteles juntos para hacer un libro acerca de la
Multiplicación. También puedes hablar con personas de otras clases para
ver cómo hacen ellos la multiplicación.

(Sugerencia: Si las páginas están bien sujetas las unas con las otras de tal
manera que formen un «acordeón», se pueden abrir para ser colocadas en
la pizarra de anuncios.)

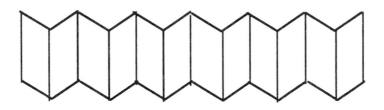

(Otra sugerencia: Puedes hacer lo mismo para la división larga, los
porcentajes, las razones, o cualquier otro proceso matemático que has
estado estudiando. ¡Construye una biblioteca matemática!)

MULTIPLICATION BOOK

From each person or each group in your class, collect a small (8 1/2 x 11) poster that illustrates their method for multiplying two-digit numbers. Put the posters together to make a book about Multiplication. You might also want to check with people in other classes to see how they do multiplication, too.

(Hint: If the pages are fastened together so they make a "fan-fold," they can be re-opened to be hung on the bulletin board.)

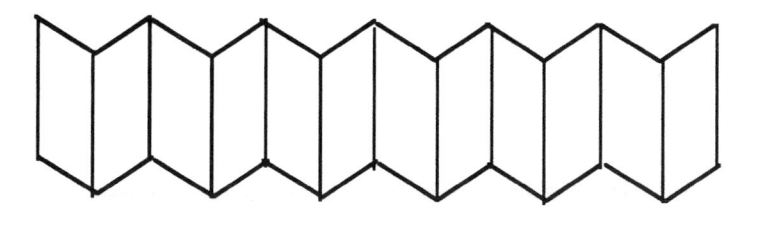

(Another suggestion: You can do the same for long division, percents, ratios, or any other mathematics process you have been learning. Build a mathematics library!)

VARIAS RESPUESTAS

He aquí un problema:

> Una vez habían tres gnomos.
> Cada gnomo llevaba 2 tazones y cada tazón tenía
> 5 cerezas.
> ¿Cuántas cerezas habían en total?

Si tú estuvieras escribiendo un examen con varias respuestas
para este problema, ¿cuáles son algunos de los errores lógicos
que las personas podrían cometer, los cuales puedan ser
opciones «incorrectas» para elegir.

Aquí abajo escribe cuatro o cinco diferentes respuestas (incluye
la respuesta correcta), y al lado de cada una da una explicación
breve diciendo cuál es el error, si es una respuesta incorrecta.

A._____

_____

B._____

_____

C._____

_____

D._____

_____

E._____

MULTIPLE CHOICE

Here is a problem:

> Once upon a time there were 3 trolls.
> Each troll had 2 bowls, and each bowl had 5 cherries.
> How many cherries were there?

If you were writing a multiple choice test item for this problem, what are some logical errors people might make, that could be used as the "wrong" answer choices?

Write below four or five different answer choices (including the correct one), and beside each explain briefly what the mistake is, if any.

A._____

_____

B._____

_____

C._____

_____

D._____

_____

E._____

_____

VISTA DE LA MONTANA

Cuando Zeno se sentó en su pupitre en la escuela, el podía ver Mount Wilderness. La cima de la montaña parecía como si tocara el extremo superior de la ventana.

En casa, sentado en una silla exactamente del mismo tamaño, y asomándose a una ventana exactamente del mismo tamaño, él también podía ver Mount Wilderness. Pero en casa, la cima de la montaña solamente parecía llegar a la mitad de la ventana. La otra mitad (la superior) sólo mostraba el cielo.

¿Cuáles son algunas de las razones por las cuales esto podría suceder? Usa diagramas para ilustrar tus ideas.

MOUNTAIN VIEW

When Zeno sat at his desk at school, he could see Mount Wilderness. The top of the mountain looked as if it just touched the top of the window.

At home, sitting in a chair exactly the same size, and looking out a window exactly the same size, he could also see Mount Wilderness. But at home, the top of the mountain only seemed to reach the middle of the window. The top half of the window just showed the sky.

What are some of the reasons this could be so?
Use diagrams to illustrate your ideas.

TOTALES MIXTOS

¿Qué números deben ir en cada figura?
(Sugerencia) Usa materiales concretos para resolver este problema.

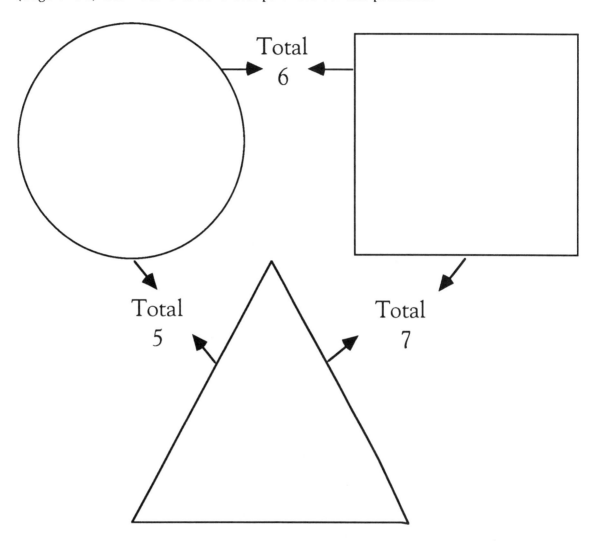

¿Existe más de una respuesta? ¿Cómo sabes esto?

Si es posible, expresa esta situación en términos algebráicos.

Inventa tus propios problemas. ¿Qué sucede si le añadimos una
cuarta figura?

MIXED TOTALS

What numbers would go in each of the shapes?
(Hint) Use manipulative materials to solve this problem.)

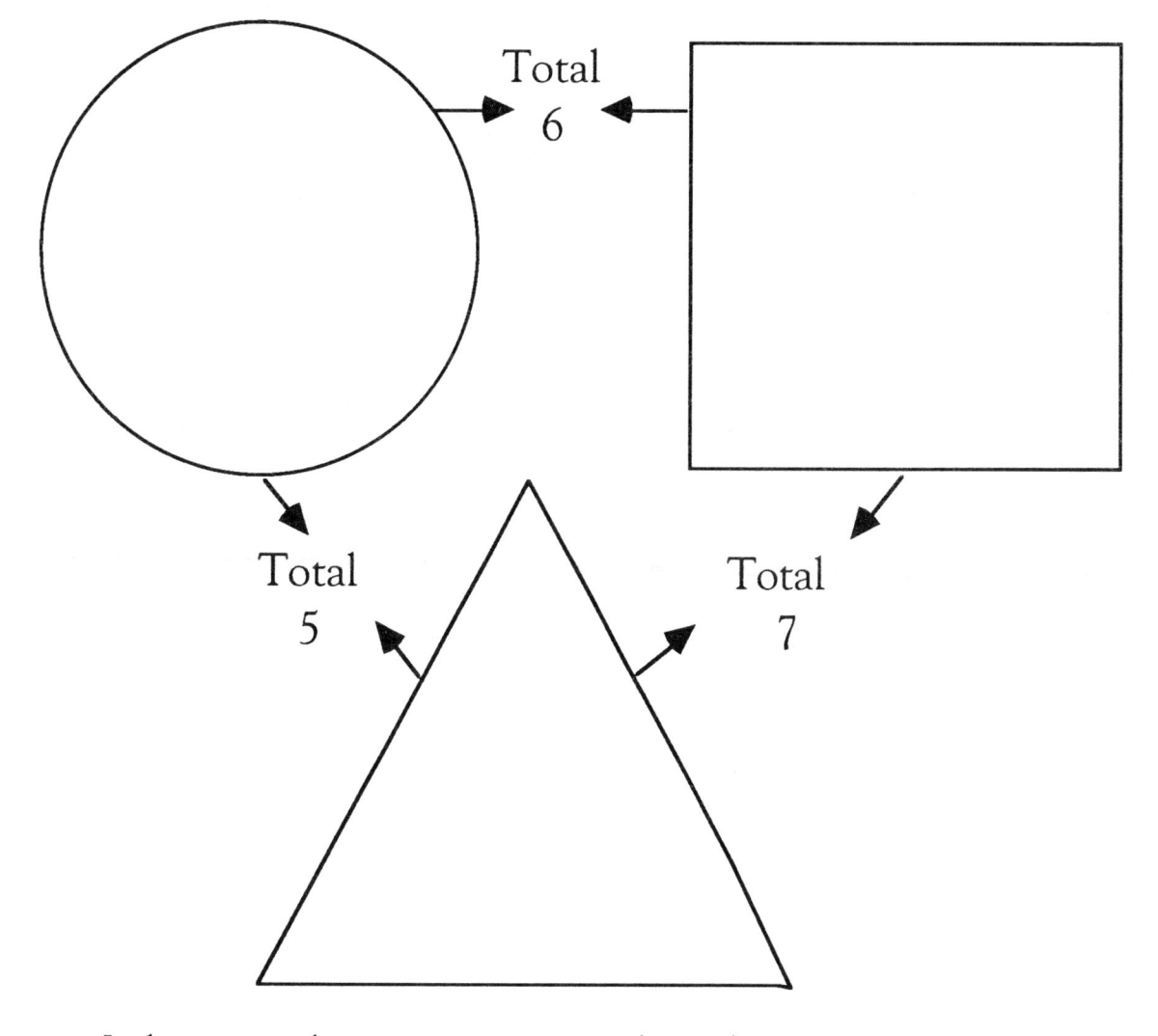

Is there more than one answer? How do you know?

If possible, express this situation in algebraic terms.

Make up your own problems. How about adding a fourth shape?

TRAJE MIXTO 2

A Sivo todavía le gusta vestirse de un solo color, y todavía se levanta temprano y se viste sin prender la luz para no despertar a su hermanito.

Todavía tiene un pantalón azul, una camisa azul y un suéter azul, un pantalón, una camisa y un suéter anaranjados, un pantalón, una camisa y un suéter morados, y un pantalón, una camisa, y un suéter rojos.

El descubrió que la probabilidad de que saque una camisa y un pantalón del mismo color del ropero en la mañana no era muy buena.

Su próxima pregunta era, ¿cuántos de cada prenda tendrá que sacar para asegurarse de sacar un traje del mismo color?

Diseña un sistema que le ayudará a Sivo para averiguar esto.

MIXED SET 2

Sivo still likes to dress all in one color, and he still gets up early and dresses in the dark so he won't wake his baby brother.

He still has one pair of blue pants, one blue shirt and one blue sweater, orange pants, shirt and sweater, purple pants, shirt and sweater, and red pants, shirt and sweater.

He figured out that the chances of pulling out a matching shirt and pants and sweater from the dark closet any given morning were not too good.

His next question was how many of each item he would have to pull out to be sure of getting a matching set.

Design a system that will help Sivo figure this out.

TRAJE MIXTO 1

A Sivo le gusta vestirse de un solo color, pero ya que se levanta muy temprano, y no quiere despertar a su hermanito, él se viste sin prender la luz.

El tiene un pantalón azul, una camisa azul y un suéter azul. También tiene un pantalón, una camisa y un suéter anaranjados, un pantalón, una camisa y un suéter morados y un pantalón, una camisa y un suéter rojos.

El quiere saber la probabilidad de que cuando meta la mano al ropero, sacará una camisa y un pantalón del mismo color en cualquier día por la mañana. De verdad no le interesa mucho el suéter.

Explícale a Sivo cómo puede averiguar esto.

MIXED SET 1

Sivo likes to dress all in one color, but he gets up early and dresses in the dark so he won't wake his little brother.

He has one pair of blue pants, one blue shirt and a blue sweater, orange pants, shirt and sweater, purple pants, shirt and sweater, and red pants, shirt and sweater.

He wants to know the chances that when he reaches into that dark closet, he will pull out at least matching shirt and pants on any given morning. He doesn't care so much about the sweater.

Explain to Sivo how he could figure this out.

NUMEROS QUE FALTAN

Esta es una tabla de multiplicación de 10 por 10.

1	2	3	4	5	6	7	8	9	10
2	4	6	8	10	12	14	16	18	20
3	6	9	12	15	18	21	24	27	30
4	8	12	16	20	24	28	32	36	40
5	10	15	20	25	30	35	40	45	50
6	12	18	24	30	36	42	48	54	60
7	14	21	28	35	42	49	56	63	70
8	16	24	32	40	48	56	64	72	80
9	18	27	36	45	54	63	72	81	90
10	20	30	40	50	60	70	80	90	100

Existen algunos números menos de 100, los cuales no aparecen en una tabla de multiplicación de 10 por 10.

¿Cuáles son algunos de estos números?

Por ejemplo, ¿por qué no está aquí el número 11?

¿Y qué del número 26?

Y así sucesivamente.

MISSING NUMBERS

This is a 10 by 10 multiplication table.

1	2	3	4	5	6	7	8	9	10
2	4	6	8	10	12	14	16	18	20
3	6	9	12	15	18	21	24	27	30
4	8	12	16	20	24	28	32	36	40
5	10	15	20	25	30	35	40	45	50
6	12	18	24	30	36	42	48	54	60
7	14	21	28	35	42	49	56	63	70
8	16	24	32	40	48	56	64	72	80
9	18	27	36	45	54	63	72	81	90
10	20	30	40	50	60	70	80	90	100

There are quite a few numbers smaller than 100 that don't appear on a 10 by 10 multiplication table.

What are some of them, and why are they missing?

For example, why is 11 not here?

What about 26?

And so on.

MINUTOS Y HORAS—Digital

Hace algunos años, cuando los relojes digitales primero se hicieron populares, yo compré uno, y lo puse al lado de mi cama. En la noche, cuando estaba oscuro, los números se iluminaban, de modo que siempre sabía la hora.

Estaba fascinada con el patrón de los números, de modo que seguía despertándome para mirar a los números mientras que me parpadeaban.

Por ejemplo, habían 3:21 y 1:23, ó 2:46, ó 8:28, y, bueno, podría listar muchos más, pero dejaré que tú lo hagas.

He aquí algunas preguntas que me hice:

* ¿Cuántas veces demuestra el reloj números consecutivos (como 1, 2, y 3)?

* ¿Cuántas veces son iguales todos los dígitos?

* ¿Cuántas veces serán sumados (o multiplicados) juntos los primeros dos números para dar el tercer número?

* ¿Cómo serán diferentes los números en un reloj de 24 horas? (Quizás tendrás que investigar eso.)

Piensa sobre más patrones que buscar.
¿Cuál es tu número favorito?

MINUTES AND HOURS—Digital

A few years ago, when digital clocks first became popular, I bought one, and put it beside my bed. At night, when it was dark, the numbers would light up, so I could always tell the time.

I was so fascinated by the number patterns that I kept waking up to watch the numbers as they winked at me.

For example, there were 3:21 and 1:23, or 2:46, or 8:28, and, well, I could list a bunch, but I'll let you do that.

Here are some questions I asked myself: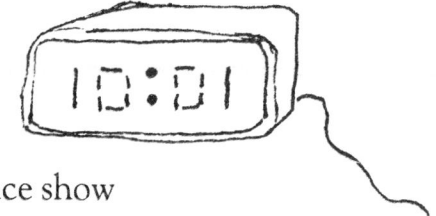

- How many times does the clock face show consecutive numbers (such as 1, 2, and 3)?

- How many times do all the digits match?

- How many times would the first two numbers added (or multiplied) together equal the third number?

- How would the numbers be different on a 24-hour clock? (You may have to do some research on that one.)

Think of more patterns to look for.
What's your favorite number?

MINUTOS Y HORAS- Analógico

Entre la media noche del miércoles y la media noche del jueves, ¿cuántas veces se mueve la manecilla del minuto en el reloj analógico para pasar la manecilla de la hora?
(Un reloj analógico es uno que lleva una esfera redonda y cuyas manecillas den vuelta.)

Describe cómo estarás seguro de que tu respuesta sea correcta.

MINUTES AND HOURS—Analog

Between Midnight on Wednesday and Midnight on Thursday, how many times does the minute hand of an analog clock pass the hour hand? (An analog clock is one with a round face and hands that go around.)

Describe how you would be sure your answer is correct.

LOS LIBROS DE MATT Y MINNIE

Matt tiene 1/3 de la cantidad de libros que tiene Minnie.

Si ellos tuvieran un libro menos, tendrían 27 libros entre los dos.

La pregunta, por supuesto, es ¿cuántos libros tiene cada uno?

Muestra, por lo menos, tres formas diferentes de resolver este problema.

MATT AND MINNIE'S BOOKS

Matt has 1/3 the number of books that Minnie does.

If they had one less book, between them they would have 27 books.

The question, of course, is how many books each has.

Show at least three ways of solving this problem.

MARCOS Y LA ESCALERA MECANICA

A Marcos le encanta utilizar la escalera mecánica. El y su mamá tenían muchos encargos para hacer, así que comenzaron en el primer piso de la tienda, subieron dos pisos en la escalera mecánica, bajaron un piso y después subieron tres pisos más. Llegaron al techo de la tienda, donde estaba una tienda de flores ¿Cuántos pisos tenía la tienda?

Resuelve este problema utilizando, por lo menos, dos formas diferentes. Explica la relación que existe entre las dos o más formas.

MARK AND THE ESCALATOR

Mark loved to ride on the escalator. He and his mother had a lot of errands, so they started on the first floor of the store, went up two floors on the escalator, then down one floor, and then up three more floors. They came out on the roof of the store, where there was a garden shop. How many floors tall was the store?

Solve this problem in at least two ways.
Explain how the two (or more) ways relate to each other.

CANICAS Y LATAS

La clase está trabajando en un desafío de adivinanzas.

En secreto, una persona, ha dividido diez canicas entre tres latas.

La persona que adivine cuántas canicas hay en cada lata se ganará un premio.

¿Cuántas adivinanzas serán necesarias para encontrar los números correctos?

¿Tendrán todas las treinta y cuatro personas en la clase la oportunidad de adivinar la respuesta?

MARBLES AND CANS

The class is working on a challenge guess.

One person, in secret, has divided ten marbles into three cans.

The person who guesses the correct number of marbles in each can will win a prize.

How many guesses might be needed to find the right numbers?

Will all of the thirty-four people in the class have a chance to guess?

© 1995 EQUALS, Lawrence Hall of Science, University of California at Berkeley, *101 Short Problems*

EL PUERTO DE LA ISLA

La Familia Rolias vive en una isla pequeña, la cual tiene un puerto pequeño. La entrada al puerto es tan angosta que cuando llegan barcos tienen que tener mucho cuidado. En realidad, cuando entran dos barcos a la misma vez, es preciso que lleguen durante el día.

Los barcos que visitan más frecuentemente son los barcos de carga y los barcos del correo.

- Los barcos de carga (los cuales traen comestibles) llegan cada tres semanas.
- Los barcos del correo llegan cada cinco días.
- Ambos prefieren llegar durante la noche, pero también pueden hacer arreglos para llegar durante el día.
- Ambos llegaron al puerto ayer, y se irán hoy día.

Los capitanes han pedido que antes de que se vayan, les diseñes y les des un itinerario detallado para los próximos 6 meses, de modo que ellos puedan saber cuáles días deben planear llegar durante el día.

ISLAND PORT

The Rolias Family lives on a small island, with a small harbor. When ships come in, the entrance to the harbor is so narrow that they have to be careful. In fact, when two ships come in at the same time, they absolutely must arrive during daylight hours, so they won't bump into each other.

The most frequent visiting ships are the freight ship and the mail ship.

- The freight ship (that brings groceries) comes in every three weeks.
- The mail ship comes every five days.
- They both prefer to arrive at night, but they can arrange to come during the day.
- They both came into the harbor yesterday, and will leave sometime today.

The captains have asked that before they leave, you design and give them a detailed six-month schedule, so they will know which days they must plan to come in during the day.

SALTO ALTO

Te han dado los resultados de una encuesta para que puedas contestar la siguiente pregunta:

«¿Qué tan alto puede saltar una persona en el aire?»

La información obtenida (en pulgadas) se mira así:

4, 7, 9, 9, 10, 10, 10, 11, 11, 12, 12, 12, 12, 12, 12, 12, 15, 15, 18, 32

Te han preguntado que hagas un reporte sobre la pregunta basándote en la información que se te ha dado.

- ¿Cómo vas a demostrar y/o explicar la información?

- ¿Qué comentarios puedes hacer acerca de la información?

- ¿Qué preguntas adicionales puedes hacer?

HIGH JUMP

You are given the results of a survey to answer the question:
"How far can the average person jump into the air, straight up?"

The collection of data (in inches) looks like this:

4, 7, 9, 9, 10, 10, 10, 11, 11, 12, 12, 12, 12, 12, 12, 12, 15, 15, 18, 32

You've been asked to make a report on the question, based on the information given you.

- How would you show and/or explain this information?
- What comments would you make about the data?
- What additional questions might you want to ask?

EL VIAJE DE ENRIQUE A LA LAVANDERIA

•Enrique empezó en el segundo piso donde vivía.

•El subió tres pisos para poner una carga de ropa sucia en la lavadora de ropa.

•Bajó 5 pisos para recoger su correo.

•Subió 6 pisos para llevarle la correspondencia a un amigo.

•¿Cuántos pisos, arriba o abajo, tiene que subir o bajar, para regresar a las lavadoras?

•Muestra cómo encontraste tu respuesta, y por qué estás seguro de que sea correcta.

HENRY'S TRIP TO THE LAUNDRY

- Henry started at the second floor, where he lived.

- He went up 3 flights of stairs, to put a load of laundry in the machines.

- He went down 5 flights, to pick up his mail.

- He went up 6 flights, to take some mail to a friend.

- How many floors, up or down, does he have to go, to get back to the laundry machines?

- Show how you found your answer, and why you are sure it is right.

LA MITAD DE UN CUADRADO

Titania asegura que si pusiera un punto
    en cualquier lugar en un papel cuadrado,
    habría por lo menos una manera
    de doblar el cuadrado en mitades exactas,
    con el doblez pasando por el punto.

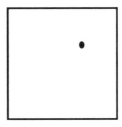

¿Es verdad esto? Por favor explícalo usando ejemplos.

También dijo que hay algunos puntos
    los cuales permitirían más de un doblez
    que divida el cuadrado en dos mitades.

¿Está ella correcta? Explica usando ejemplos.

Después dijo que podría poner un punto en el papel
    el cual permitiría un número infinito de dobleces
    para dividir el cuadrado en mitades.

¿Puede hacerlo? Por favor explícalo.

HALF A SQUARE

Titania claimed that if she put a dot
    anywhere in a square piece of paper,
    there would be at least one way
    to fold the square into exact halves
    with the fold going through the dot.

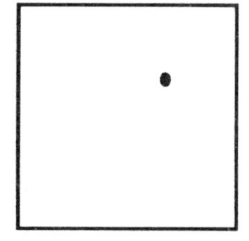

Is this true? Explain, please, with examples.

She also said that there are some dots
    that would allow more than one fold
    dividing the square into halves.

Is she right? Explain, with examples.

And THEN she said that she could put on a dot
    that would allow an infinite number of folds
    to divide the square into halves.

Can she do that? Explain, please.

LA MITAD DE LA EDAD

Aquí tenemos un problema clásico:

> Sheena tiene la mitad de los años que tiene Leo.
> Leo tiene 10 años.
> ¿Cuántos años tiene Sheena?

¡Este problema es demasiado fácil!
Escribe, por lo menos, tres problemas que sean similares a este, sólo que sean más complejos.

(Por supuesto, debes incluir las respuestas.)

Intenta que uno de los problemas tenga más de una respuesta correcta.

HALF AS OLD

Here is a classic word problem:

> Sheena is half as old as Leo.
> Leo is 10 years old.
> How old is Sheena?

But this problem is much too easy!
Write at least three similar but more complex problems.
(With your answers, of course.)

Try to make one of the problems so it has more than one right answer.

EL PATIO DE HAILU

Hailu necesita construir una cerca alrededor de su patio para sus gallinas.

Un lado será la pared del gallinero, el cual mide 10 pies de largo.
El tiene 30 pies de cercado para el resto del espacio.
¿De qué figura debería construir el patio?

Parece que el dueño de la parcela libre que está directamente detrás del patio está dispuesto en alquilarle la parcela a Hailu por un dólar al año, simplemente por mantenerla limpia. También le va a proveer otros 30 pies de cercado.

Esta parcela es el mismo tamaño que el patio de Hailu, sin el gallinero.

Escríbele una nota a Hailu explicándole cómo construir una cerca con la área más grande posible.

HAILU'S YARD

Hailu needs to fence in a yard for his chickens.

One side will be the wall of the chicken-house, which is 10 feet long.
He has 30 feet of fencing for the rest of the space.
What shape should he make the yard?

Then it turns out that the owner of the vacant lot directly behind the yard is willing to rent it to Hailu for $1 a year, just to keep it clean, and will provide another 30 feet of fencing.

The lot is exactly the same size as Hailu's yard, but with no chicken house on it.

Write a note to Hailu explaining how to fence in the biggest area possible.

ADIVINA MIS MONEDAS

Mi tío siempre era un bromeador. Un día me dijo, «Niño, tengo tres monedas en mi bolsillo. Cada una es más pequeña que una moneda de veinticinco centavos. Si puedes adivinar cuánto dinero tengo en mi bolsillo, te lo daré todo.»

En esos días, 3¢ eran mucho dinero, y mucho menos 30¢, de modo que yo quería adivinar la suma correcta.

Fui y conseguí a un matemático para que me ayudara (¡ese eres tú!). Necesito que me des un reporte escrito de cómo usar diagramas y otras matemáticas para calcular la mejor adivinanza.

GUESS MY COINS

My uncle was always a tease. One day he said to me, "Child, I have three coins in my pocket. Each is smaller than a quarter. If you can guess the total amount of money I have in my pocket, I'll give it all to you."

In those days, even 3¢ was quite a bit of money, let alone 30¢, so I really wanted to guess the right amount.

I went and got a mathematician to help me (that's you!). I need a written report from you with advice about how to use diagrams and other mathematics to figure out the best guess:

LOS ENGRANAJES

Este grupo de engranajes tiene diámetros de 50 centímetros, 60 centímetros, 60 centímetros, y 100 centímetros.

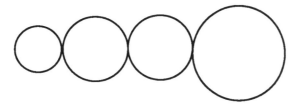

Tu quieres saber cuántas revoluciones va a tomar el engranaje pequeño por cada revolución que haga el engranaje grande, y si van a dar vuelta en la misma dirección. ¿Cómo vas a averiguar ésto?

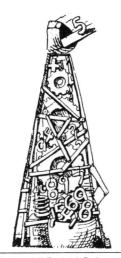

¿Qué generalización puedes hacer sobre los engranajes?

GEARS

This set of gears has diameters of 50 centimeters, 60 centimeters, 60 centimeters, and 100 centimeters.

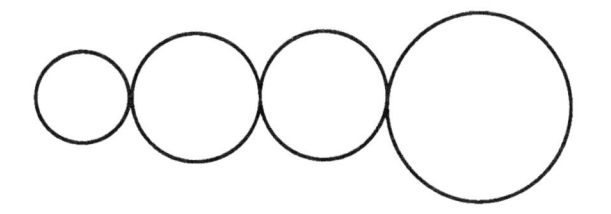

You want to know how many revolutions the smallest gear will make for each revolution of the largest gear, and whether it will turn in the same direction. How would you go about figuring it out?

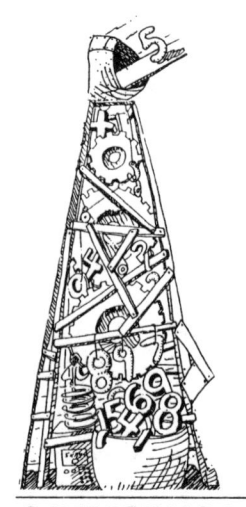

What generalizations can you make about gears?

CUATRO VECES MAS GRANDE

Dibuja otro triángulo similar a este pero que sea cuatro veces más grande.
Explica cómo sabes que es cuatro veces más grande.
¿Cuáles instrumentos matemáticos usarías?

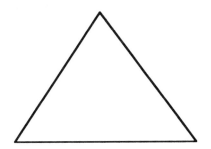

FOUR TIMES AS BIG

Draw another triangle similar to this one but four times as big.
Explain how you know it is four times as big.
What mathematical tools would you use?

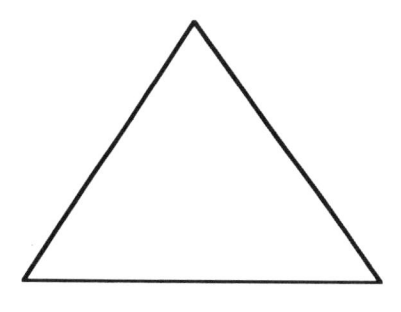

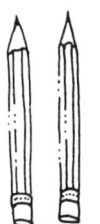

PASOS QUE MIDEN UN PIE

Un pato y un pavo
caminando juntos
dan un paso adelante
con sus patas izquierdas primero.

El pavo toma dos pasos
para caminar un pie,
mientras que el pato
toma tres pasos
para caminar un pie.

¿Qué distancia caminarán
ambos antes de que
den un paso
con la pata izquierda
a la misma vez?

¿Qué tal en dar un paso
con la pata derecha?

¿Qué distancia caminarán
antes de que **ambos**
caigan en la pata izquierda
al mismo tiempo?

¿Qué tal
al pisar con la pata derecha?

FOOT FEET

A duck and a turkey
walking side by side
step out
with their left feet first.

The turkey takes two steps
to go one foot,
while the duck
takes three steps
to go one foot.

How far will they have gone
before they **both**
step out
with the left foot
at the same time?

What about stepping
out with the right foot?

How far will they have gone
before they **both**
land on the left foot
at the same time?

What about
landing on the right foot?

CARPETAS

Al principio del año, la Sra. Peddlesmith les dio una carpeta amarilla a todos sus estudiantes.

Después de un mes, solamente 3/4 de los estudiantes todavía tenían sus carpetas amarillas.

Algunos estudiantes trajeron carpetas moradas de casa, de modo que 1/2 de los estudiantes tenían carpetas moradas.

Ya que 3/4 y 1/2 suman a más de uno, la Sra. Peddlesmith sabía que algunas personas tenían más de una carpeta (¿cómo sabía esto?), pero ella estaba sorprendida de que algunos de los estudiantes no tenían ninguna carpeta.

Explícale a la Sra. Peddlesmith cómo es posible que algunos de los estudiantes no tenían carpetas. Hazle varios diagramas.

FOLDERS

Mrs. Peddlesmith gave out yellow folders at the beginning of the year to all her students.

After a month, only 3/4 of the students still had their yellow folders.

Some students brought purple folders from home, so about 1/2 of the students had purple folders.

Since 3/4 and 1/2 add up to more than 1, Mrs. Peddlesmith knew some people had more than one folder (how did she know that?!), but she was surprised to find that some students did not have any folders at all.

Explain to Mrs. Peddlesmith how it is possible that some students had no folders. Draw several possible diagrams for her.

© 1995 EQUALS, Lawrence Hall of Science, University of California at Berkeley, *101 Short Problems*

DIA DE COMPETENCIAS CON AGUJAS GIRATORIAS

Harvey está encargado del juego de Agujas Giratorias para el Día de Competencias Matemáticas.

Habrán como 300 personas en el Día de Competencias, y él cree que algunas personas jugarán más de una vez.

El quiere cobrar un dólar para que no tenga que preocuparse en dar cambio.

Quiere dar premios de dinero para que no se tenga que preocupar en comprar otros premios.

El espera hacer una ganancia de $100.

Haz un plan para Harvey (¡él no quiere preocuparse en hacer uno!). Asegúrate de enseñar las agujas giratorias que recomendarías, y las reglas que crees que trabajen. Explica por qué crees que tus agujas giratorias y tus reglas tienen sentido.

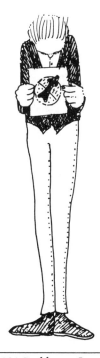

FIELD DAY SPINNERS

Harvey is in charge of the Spinner Game for the Math Field Day.

There will be about 300 people at the Field Day, and he thinks some people will play more than once.

He wants to charge $1 so he won't have to bother with making change.

He wants to give cash prizes so he won't have to bother shopping for other prizes.

He hopes to make about $100 profit.

Make a plan for Harvey (he doesn't want to bother!). Be sure you show the spinners you would recommend, and the rules you think would work. Explain why your spinners and rules make sense.

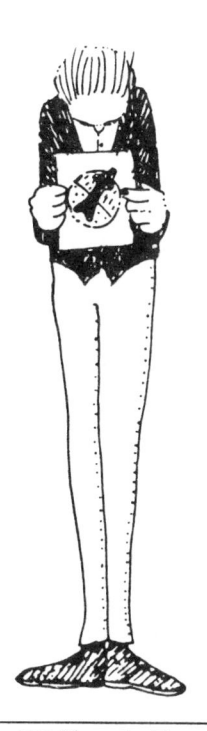

LA COMPETENCIA MAS RAPIDA

Un grupo de corredores de larga distancia, al descansar de una competencia, estaban sentados hablando a cerca de cuánto podrían mejorar.

El corredor más rápido sugerió que cada persona intentara reducir su tiempo por diez minutos.

El corredor más lento quería que cada persona tratara de cortar su tiempo por 10%.

¿Qué diferencia hay entre estas dos ideas, y quién beneficiaría más de cada cambio? Asegúrate de dar algunos ejemplos.

FASTER RACE

A group of long-distance runners, resting up from a race, were sitting around arguing about how much they could improve.

The fastest runner suggested that each person try to run the race in ten minutes less time.

The slowest runner wanted each person to try to cut their time by 10%.

What's different about these two ideas, and who would benefit most from each change? Be sure to give some examples.

FAVOR DE DAR UNA ESTIMACION

Explica por medio de palabras y diagramas cómo calcularías mentalmente la respuesta de este problema:

> ¿Qué es el 75% de 24?

Haz lo mismo para algunos o todos de los siguientes problemas u otros problemas que utilicen las matemáticas que estes estudiando:

5x 4976

35x 450

279 x328

8% de 14,50

0,5 x 360

0,5 x 3,60

0,9 x 0,99

ESTIMATION, PLEASE

Explain in words and diagrams how you would estimate (in your head) the answer to this problem:

What is 75% of 24?

Do the same for some or all of these (or other problems that are like the mathematics you are studying):

5 x 4976

35 x 450

279 x 328

8% of 14.50

0.5 x 360

0.5 x 3.60

0.9 x 0.99

ESTIMACION DEL AREA Y EL PERIMETRO

Miye estaba buscando una mesa nueva para su familia grande.
Ella necesitaba escoger la mesa hoy día.
Desafortunadamente, se le había olvidado traer una cinta de medir, pero ella estaba segura de que podía calcular las medidas bastante bien.

Ella estaba considerando estas tres figuras.
La mesa rectangular parecía estar de dos o tres pies de ancha.

Ella quería tantas personas como fuera posible sentadas en la mesa, pero también, quería que la mesa detuviera tantos platillos de comida como fuera posible.

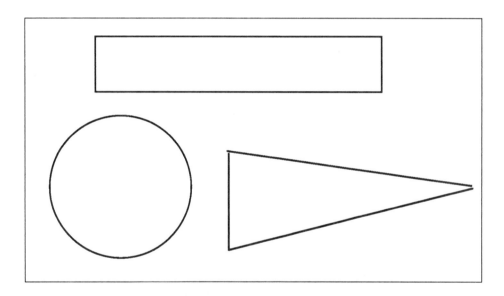

Sin medir estas figuras, ¿qué consejo le darías a Miye?
    ¿En cuál mesa crees que cabrán más personas, y cuál
    tendrá capacidad para más comida? ¿Hay alguna mesa en donde
    ambos casos sean posibles?

ESTIMATION OF AREA AND PERIMETER

Miye was looking for a new table for her large family.
She needed to pick out the table today.
She had, unfortunately, forgotten to bring along a tape measure,
but she was sure she could estimate sizes pretty well.

She was considering these three shapes.
The rectangular table looked about two or three feet wide.

She wanted to have as many people seated at the table as possible, but
she also wanted the table to hold as many dishes of food as possible.

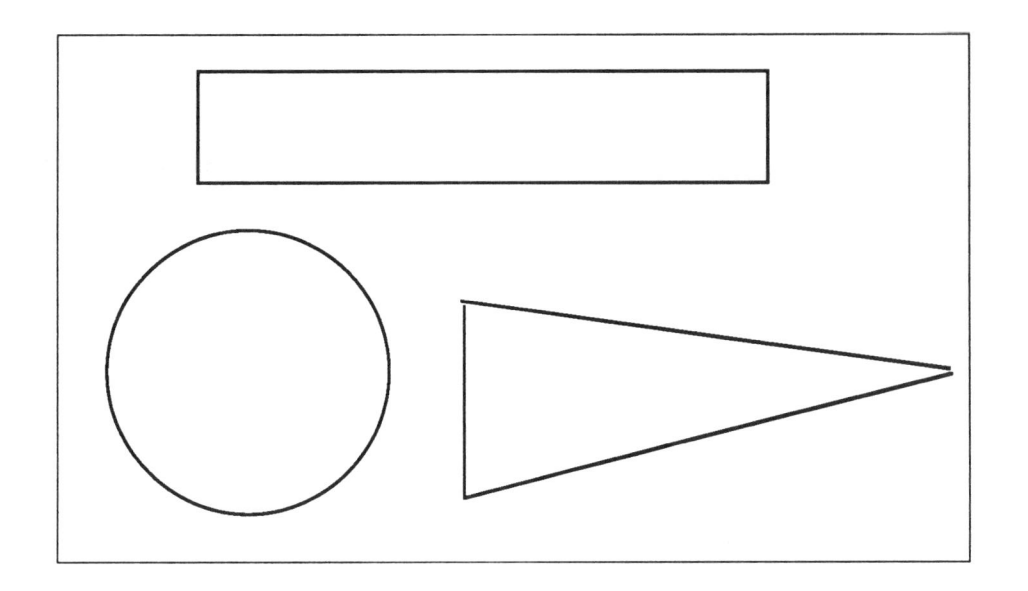

Without measuring these shapes, what advice would you give Miye?
Which table do you think would seat more people, and which
would hold the most food? Is there a table that would provide
both?

DOBLE TRIPLE

Si mucha gente tira DOS dados, 36 veces cada uno, y tu calculas el promedio de cada uno de sus promedios, lo más posible es que la persona «ordinaria» tire un doble seis veces.

Si cada una de las mismas personas tira TRES dados 36 veces, ¿cuántas veces crees que la persona «ordinaria» tire un doble?

Busca por lo menos una manera matemática para demostrar una respuesta posible.

Si puedes conseguir bastante gente que te ayude,
trata un experimento también: tira el dado para ver qué pasa.
        (Quizás sea una buena idea tomar cuenta de todos los
        números que salgan en cada vez, de modo que si tienes
        otras preguntas sobre las investigaciones,
        la información estará disponible.)

Tirando tres dados, ¿cuántas veces crees que una persona «ordinaria» tire un triple (tres con el mismo número)?

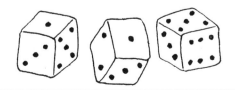

DOUBLE TRIPLE

If a whole bunch of people roll TWO dice 36 times each, and you average their averages, the chances are the "average" person will roll a double about six times.

If the same people each roll THREE dice 36 times, how many times do you think the "average" person will roll a double?

Find at least one mathematical way to show a possible answer.

If you can get a bunch of people to help,
try an experiment, too: roll the dice to see what happens.
   (It might be a good idea to keep track of all the numbers that
   come up on each roll, so if you have other research questions the
   data will be available.)

Rolling three dice, how many times do you think the "average" person would roll a triple (three of the same number)?

PROBLEMA DOBLE

He aquí dos problemas similares. Resuelve los problemas y explica cualquier diferencia que exista:

María hizo un estudio de los estudiantes en su clase. Ella descubrió que 60% de los estudiantes sabían como usar una clase de computadora, y 40% sabían usar otra clase de computadora. Ella dijo que ya que esto se sumaba a 100%, esto quería decir que todos en la clase sabían cómo usar una computadora. Explícale a María por qué puede estar correcta o equivocada. Si es posible, usa un diagrama.

A María le dijeron que hoy día 60% de los estudiantes en su clase llevaba puestos zapatos deportivos, y 40% traían zapatos elegantes. Ella dijo que antes ya la habían engañado con este tipo de problema, y aunque se sumaba a 100%, quizás no quería decir que todos en la clase llevaban puestos zapatos. Explícale a María por qué puede estar correcta o equivocada. Si es posible, usa un diagrama.

DOUBLE PROBLEM

Here are two similar problems. Solve the problems and explain any differences:

Maria made a survey of students in her class. She found that 60% of the students knew how to use one brand of computer, and 40% knew how to use a different brand of computer. She said that added up to 100%, so it meant everybody in the class knew how to use a computer. Explain to Maria why she could be right or wrong. If possible, use a diagram.

Maria was told that 60% of the students in her class were wearing sports shoes today, and 40% were wearing dress shoes today. She said that she had been tricked on that kind of problem before, and even though that added up to 100%, it might not mean that everybody in the class was wearing shoes. Explain to Maria why she could be right or wrong. If possible, use a diagram.

© 1995 EQUALS, Lawrence Hall of Science, University of California at Berkeley, *101 Short Problems*

EL PUNTO Y EL RECTANGULO

El punto (Punto A) en esta gráfica representa un rectángulo que tiene el área de 24 pulgadas cuadradas.

Marca otros dos puntos en la gráfica que representen otros rectángulos con el área de 24 pulgadas cuadradas.

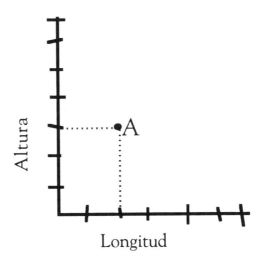

Explica por qué pusiste cada punto en su lugar particular.
(Sugerencia: Las marcas en las líneas no son unidades del uno.)

DOT AND RECTANGLE

The dot (Point A) on this graph represents a rectangle whose area is 24 square inches.

Mark two other points on the graph that represent other rectangles with area of 24 square inches.

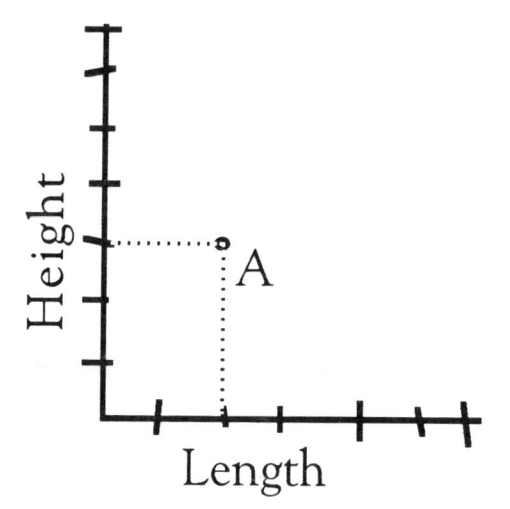

Explain why you put each dot at a particular point.
(Hint: The marks on the lines are not units of 1.)

PUERTAS

Hay 5 puertas a cuartos
  entre la puerta de nuestra clase y la puerta de la oficina de la
  directora.
Las siete puertas llevan un número entero (no fracciones o decimales)
  de metros de separadas, en un pasillo recto.
Los cuartos a donde se abren las puertas son todos del mismo tamaño.
Las puertas están separadas de modo que la distancia entre cualquier dos
  puertas sea única.

Dibuja un diagrama (¡o más!)
  de los arreglos posibles para los cuartos y sus puertas.

DOORS

There are five room doors

between our classroom door and the principal's office door.

The seven doors are a whole number (no fractions or decimals)

of meters from each other, in a straight hall.

The rooms they open into are all the same size.

The doors are spaced so that the distance

between any two that are next to each other is unique.

Draw a diagram (or more than one!)

of a possible arrangement of the rooms and their doors.

ZANJEADORES

Dos zanjeadores estaban trabajando juntos excarvando una zanja. Uno de ellos era mucho más rápido que el otro, pero a los dos se les estaba pagando lo mismo, $10 por hora.

Terminaron de excarvar la zanja en 6 horas, pero el zanjeador más rápido lo habría podido hacer sólo en 10 horas.

Dos preguntas:
•¿Hubiera sido más barato o más caro que el zanjeador rápido hiciera todo el trabajo sólo? (Por supuesto, explica tu respuesta.)

•Si los sueldos por hora fueron distintos, ¿cuál sería un pago justo para cada uno de los dos zanjeadores? (Para ser completa tu respuesta, debes considerar el gasto total a pagar, así como los precios por hora individualmente.)

DITCH-DIGGERS

Two ditch-diggers were working together to dig a ditch. One of them was much faster than the other, but they were both being paid at the same rate, $10 per hour.

They finished digging the ditch in 6 hours, but the faster ditch-digger could have dug the whole thing in 10 hours.

Two questions:

- Would it have been cheaper or more expensive to have the faster ditch-digger do the whole thing alone? (Of course, explain your answer.)

- If their two rates of pay were different, what would be a fair rate for each of the diggers? (To be complete, your answer should consider the total expense as well as the individual rate of pay.)

CUENTA DE LA CENA

La cuenta de la cena de Juan, Quan, y Duon fue de $12,15. Ellos querían dejar una propina del 15%. También querían dividir la cuenta en tres partes iguales.

¿Cómo los aconsejarías para que encuentren la solución? Asegúrate describir tu proceso para que ellos sepan qué hacer la próxima vez.

Compara tu método con los de otras personas. ¿Son algunos métodos más fáciles que otros? ¿Resultan algunos ser más exactos?

DINNER BILL

The bill for Matt and Nat and Pat's dinner was $12.15. They wanted to leave a 15% tip. They also wanted to divide the bill evenly between the three of them.

How would you advise them to figure all that out? (Be sure you describe your process so they will know what to do next time.)

Compare your method with those of other people. Are some methods easier than others? Are some more accurate?

PATRONES DE DIGITOS

Usa cualquier secuencia de veinte números de doble dígitos, en orden.

Para cada número, suma los dos dígitos y sigue sumándolos hasta que tengas un número con un dígito.

Ahora, haz lo mismo para los demás números, en orden.
Debes obtener un patrón repetido de 1, 2, 3, 4, 5, 6, 7, 8, y 9.
(Si no, ¡revisa tu suma!)

Por ejemplo,	70 llega a ser 7 + 0 = **7**
	71 llega a ser 7 + 1 = **8**
	72 llega a ser 7 + 2 = **9**
	y así sucesivamente.

¿Por qué ocurre esto?

Un patrón interesante
es que la mayoría de los números en los 20's (20, 21, 22, 23...) tienen una suma que es dos más que el dígito de las unidades, de modo que
21 = 3, 22 = 4, 23 = 5, etc.).
Pero 28 = 1, y 29 = 2. ¿Por qué es así?

Investiga este patrón numérico y las siguientes preguntas.
¿Existen ceros en las sumas? ¿Por qué?
¿Existen patrones similares para los números de tres y cuatro dígitos?
¿Hay alguna manera que puedas hacer un patrón repetido de 2, 4, 6, etc.?

DIGIT PATTERNS

Use any sequence of twenty two-digit numbers, in order.
For each number, add the two digits,
and keep adding until you have a single-digit number,

Now, do the same for the rest of the numbers, in order.
You should get a repeated pattern, of 1, 2, 3, 4, 5, 6, 7, 8, and 9.
(If you don't, check your addition!)

For example,	70 becomes 7 + 0 = **7**
	71 becomes 7 + 1 = **8**
	72 becomes 7 + 2 = **9**
	and so on

Why does this happen?

An interesting pattern
is that most of the numbers in the 20's (20, 21, 22, 23,...)
have a sum that is two more than the ones digit of its original number,
so that 21 = 3, 22 = 4, 23 = 5, etc.).
But 28 = 1, and 29 = 2. Why is that?

Investigate these number patterns and the following questions.

  Are there any zeroes in the sums? Why?

  Are the same kinds of patterns true for three-digit and four-digit
    numbers?

  Is there any way you could make a repeated pattern of 2, 4, 6, etc.?

PUESTO DE GALLETAS

Este es un diagrama del número de galletas que fueron vendidas el año pasado en el Puesto de Galletas en el Carnaval de Estudiantes .

Explica cómo puedes usar esta gráfica para ayudarte a planear para el Puesto de Galletas de éste año.
Asegúrate de hablar cómo la gráfica puede ser engañosa.

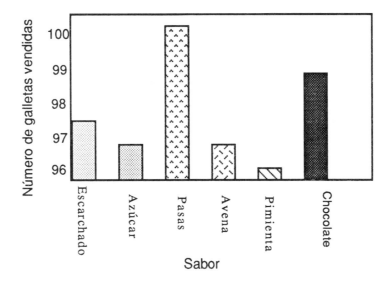

COOKIE BOOTH

This is a graph of the number of cookies sold at last year's Student Fair Cookie Booth.

Explain how you could use the graph to help you plan for this year's Cookie Booth.
Be sure to discuss how the graph might be misleading.

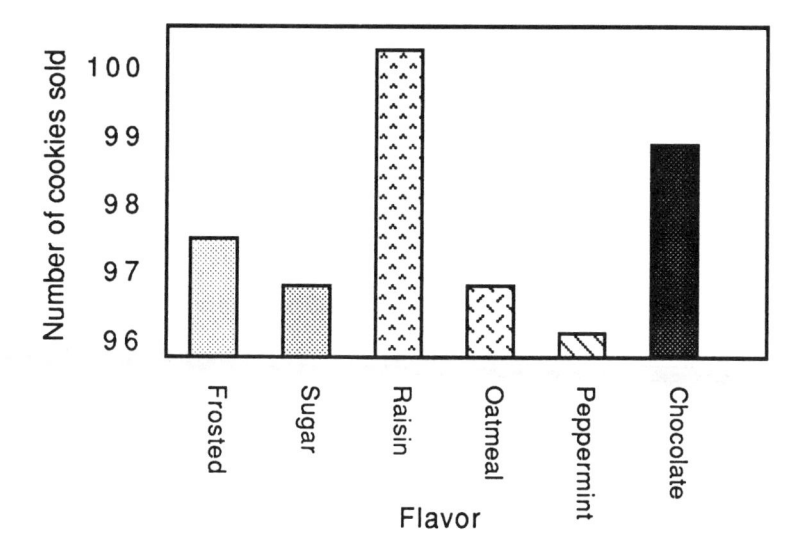

VENTANA DE COLORES

Un vidriero está arreglándole una ventana a un cliente que es demasiado exigente. La ventana debe ser nueve vidrios cuadrados, arreglados para formar un cuadrado grande.

El cliente insiste que deben de haber suficientes colores para que ningún color toque otro color, aún en las esquinas. Por ejemplo:

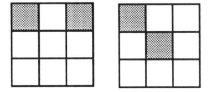

Para este color, el arreglo de la izquierda está bien pero el de la derecha no está bien.

Pero el cliente insiste que se deben usar los menos colores posibles para ahorrar dinero.

Ademas, el cliente quisiera tener alguna clase de simetría.

¿Qué número de colores permitirá que el vidriero satisfaga todas estas condiciones?

Demuestra algunos de tus diseños.

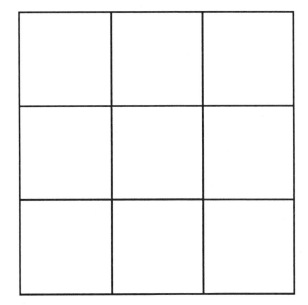

COLORED WINDOW

A glazier is putting together a window for a very fussy customer. The window is to be nine square panes, arranged into a larger square.

The customer insists that there be enough colors so that no color touches another color, even at the corners. For example:

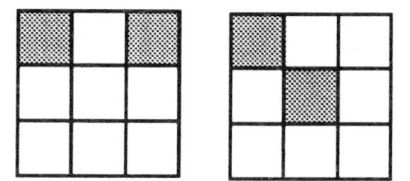

For this color, the arrangement on the left is ok, the one on the right is not.

But the customer also insists that as few colors as possible be used, to save money.

AND, the customer would like to have some kind of symmetry.

What number of colors will let the glazier meet all these conditions? Show some of your designs.

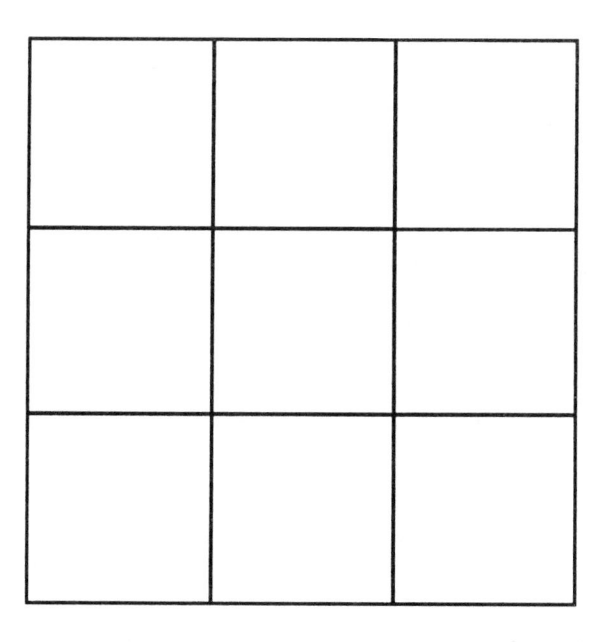

¿EN EL SENTIDO DE, O EN EL SENTIDO OPUESTO DE LAS MANECILLAS DEL RELOJ?

Abajo hay ejemplos de cosas que dan vuelta.
Córtalos para que puedas mover sus partes.

Habla de cada cosa con un compañero o un grupo,
y sepáralas según si dan vuelta en el sentido de, o
en el sentido opuesto de las manecillas del reloj o
en ambas maneras.

Haz una lista para cada clase, usando notas de otras
condiciones o decisiones que fueron consideradas.

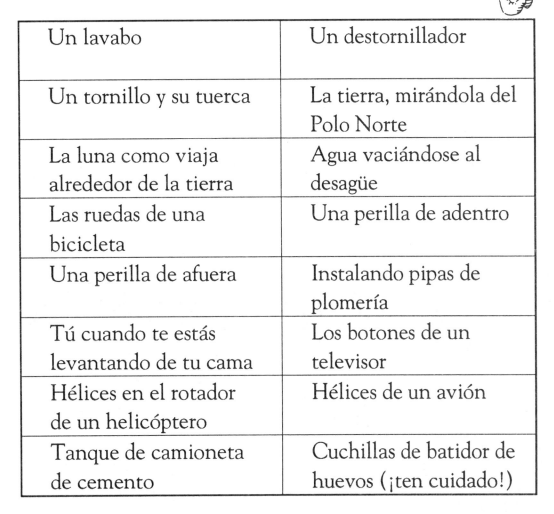

Un lavabo	Un destornillador
Un tornillo y su tuerca	La tierra, mirándola del Polo Norte
La luna como viaja alrededor de la tierra	Agua vaciándose al desagüe
Las ruedas de una bicicleta	Una perilla de adentro
Una perilla de afuera	Instalando pipas de plomería
Tú cuando te estás levantando de tu cama	Los botones de un televisor
Hélices en el rotador de un helicóptero	Hélices de un avión
Tanque de camioneta de cemento	Cuchillas de batidor de huevos (¡ten cuidado!)

¿Puedes pensar en otras cosas?

CLOCKWISE OR COUNTERCLOCKWISE?

Below are some things that turn.
Cut apart the items, so you can move the parts
    around.

Discuss each with a partner or a group, and sort
    them according to whether they turn clockwise
    or counterclockwise or both.

Make a list for each category. with notes about
    other conditions or decisions that were
    considered.

A faucet	A screwdriver
A bolt and its nut	The earth, looking at it from the North Pole
The moon as it travels around the earth	Water going down the drain
Wheels of a bicycle	An inside doorknob
An outside doorknob	Plumbing pipe fittings being installed
Yourself as you are getting out of bed	Knobs of a TV
Blades on a helicopter's rotor	Airplane propeller
Cement truck tank	Blades of an egg beater (careful!)

What else can you think of?

RELOJ EN EL ESPEJO

Algie trabajaba en una oficina que no tenía un reloj en la pared.
El reloj más cercano estaba en la oficina de al lado.

Había una partición entre las dos oficinas, la cual no llegaba hasta el techo interior.

La única manera que Algie podía ver el reloj, era viendo hacia arriba a un espejo en el techo interior.

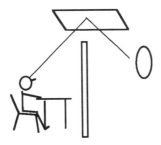

Dibuja un diagrama de cómo piensas que Algie verá el reloj en la oficina al lado, a las 5 p.m., cuando sea tiempo de que él se vaya a casa.

Revisa tu respuesta usando un espejo.

¿Sería lo mismo si el espejo estuviera en la pared, en vez que en el techo interior, de modo que él tuviera que ver más allá de donde se termina la partición?

CLOCK IN THE MIRROR

Algie worked in an office that did not have a clock on the wall.
The nearest clock was in the office next door.

There was a partition between the two offices, that didn't go all the way
to the ceiling.

The only way Algie could see the clock was by looking up at a mirror on
the ceiling.

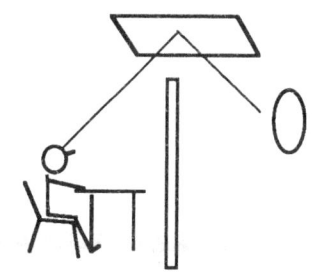

Draw a diagram of how you think the clock next door would look
to Algie at 5 P.M., when it was time for him to go home.

Check your answer using a mirror.

Would it be the same if the mirror were on the wall instead of the
ceiling, so he was looking past the end of the partition?

EL PERRO DE CARLITOS

El perro de Carlitos, Cooper, mide dos pies de estatura, un pie de ancho, y tres pies de largo (sin contar su cola) cuando está parado sin moverse.

Las leyes de la ciudad de Charlieville dicen que las casas de los perros deben tener cuatro veces la cantidad de pies cúbicos de espacio que el espacio ocupado por los perros ocupantes.

Diseña una casa para Cooper. Explica por qué piensas que tu diseño sea apropiado para éste perro en particular.

CHARLIE'S DOG

Charlie's dog Cooper is two feet tall, one foot wide, and three feet long (not counting his tail) when he is standing still.

The laws in Charlieville say that doghouses have to have four times as many cubic feet of space as the space occupied by their dog occupants.

Design a doghouse for Cooper. Explain why you think your design is right for this particular dog.

CAMBIO PARA EL PUESTO

Jailu tiene la tarea de ir al banco para conseguir cambio para el puesto de su clase en el carnaval de la escuela.

¿Qué necesita considerar?
Por ejemplo, ella quizás quiera pensar en diferentes maneras de cambiar $1, $5, etc.

¿Qué otra cosa tendrá que averiguar?

Diseña un plan que le ayude a Jailu a conseguir el cambio correcto para el puesto.

CHANGE FOR THE BOOTH

Jailu has the task of going to the bank to get change for her class's booth at the school fair.

What does she need to consider?
    For example, she probably will want to think about different ways to make change for $1, $5, etc.

What else would she need to find out about?

Design a plan that will help Jailu get the right amount of change for the booth.

GATOS Y CANARIOS

La Srta. Jones tiene gatos y canarios en su tienda de mascotas.
Esta mañana contó 30 cabezas y 80 patas en total.
¿Cuántos animales de cada tipo tiene?

Ahora, aquí está el problema:
Ella está pensando alquilar una tienda nueva,
la cual mide 9 pies de ancho, 15 pies de fondo y
lleva un techo interior con una altura de 9 pies.

La Sociedad de Animales es muy estricta.
Ellos piden que por cada gato
la jaula debe tener, por lo menos, 27 pies cúbicos,
y por cada 5 canarios,
la jaula debe tener, por lo menos,
16 pies cúbicos.

¿Habrá suficiente espacio para todos los gatos y canarios
de la Srta. Jones en la tienda nueva, o tendrá cupo para
más animales?
Explícalo.
Diseña tu propia tienda de mascotas con esas dimensiones.
Haz un diagrama con los planes que vas a sugerir.
No se te olvide que la Srta. Jones necesita espacio para
caminar y para guardar la comida de los animales.

CATS AND CANARIES

Ms. Jones keeps cats and canaries at her pet shop.
Altogether, she counted, this morning, 30 heads and 80 legs.
How many does she have of each?

Now, here's the problem:
She is considering renting a new shop,
which is 9 feet wide, 15 feet deep,
with a 9-foot ceiling.

The Animal Society is very strict.
They say that for each cat,
the cage has to have at least 27 cubic feet,
and for each 5 canaries,
the cage has to be at least 16 cubic feet.

Will there be room for all Ms. Jones' cats and canaries
in the new space, or will she have room for more?
Explain.
Design your own pet shop with those dimensions.
Draw a diagram of the arrangement you would suggest.
Don't forget that Ms. Jones needs
walking space and storage for the animals' food.

EL NIÑO Y EL PERRO

La edad del niño es doble la de su perro. En 5 años el niño tendrá 15 años de edad. ¿Cuántos años tiene el perro?

Si multiplicas todos los números de este problema por dos, ¿salen las respuestas iguales, o también saldrá lo doble? Explica por qué crees que tu interpretación del problema y tu respuesta son correctas.

¿Existe alguna otra interpretación posible para este problema la cual te dará una respuesta diferente?

BOY AND DOG

A boy is twice as old as his dog. In 5 years the boy will be 15 years old. How old is the dog now?

If you double all the numbers of this problem, does the answer come out the same, or does it double also? Explain why you think your interpretation of the problem and your response are true.

Is there another possible interpretation for this problem that would give a diffferent answer?

CAJA 504

Las dimensiones (longitud, anchura, y altura) de una caja rectangular son números consecutivos (como 1, 2, 3, ó 17, 18, 19), y el volumen es de 504 pulgadas cúbicas. ¿Cuáles son las dimensiones de la caja?

Si elevas el número del centro de las dimensiones de la caja, al cubo, (¡por supuesto que primero tienes que averiguar lo que es!) la respuesta es más grande que el volumen de la caja. ¿Por cuánto?

Inténtalo.
Usa otras dimensiones consecutivas.
¿Existe un patrón?

Cuando tengas una teoría, vé si puedes pronosticar el volumen de la caja que tenga las dimensiones de 25, 26, y 27, cuando eleves el número 26 a la tercera potencia.

Expresa tu teoría como una generalización.

BOX 504

The dimensions (length, width, and height) of a rectangular box are consecutive whole numbers (like 1, 2, 3, or 17, 18, 19), and the volume is 504 cubic inches. What are the box's dimensions?

If you cube the center number
of the box's dimensions,
(of course, first you have to figure out what it is!)
the answer is larger
than the volume of the box.
By how much?

Check it out.
Try some other consecutive dimensions.
Is there a pattern?

When you have a theory,
see whether you can predict
the volume of a box
that has dimensions of 25, 26, and 27
by computing the cube of 26.

Express your theory as a generalization.

ESTRUCTURA DE CUBOS

Esta es una estructura de cubos mirándola de enfrente y de los lados.

de enfrente   de cada lado

Trabaja con un grupo para construir la estructura,
usando **todos los cubos posibles.**
Asegúrate de que tu estructura se parezca a los dibujos de arriba,
de enfrente y del lado.

Dibuja la estructura como se vea de arriba y de atrás.

Ahora, quita los cubos de uno por uno,
siempre manteniendo la vista precisa de enfrente y del lado.
Cada vez que quites un cubo, dibuja un nuevo diagrama de arriba y de
atrás.

Continua quitando un cubo a la vez,
dibujando la nueva estructura,
hasta que se queden con el número más pequeño de cubos posible.

Compara tus dibujos con los de otros grupos.

Construye tus propias estructuras diferentes y haz los mismos dibujos de
antes.

© 1995 EQUALS, Lawrence Hall of Science, Universidad de California en Berkeley, *101 Problemas Cortos*

BLOCK STRUCTURE

This is a block structure shown from the front and the sides.

From the front   From each side

Work with a group to build the structure,
using **as many blocks as possible.**
Be sure your structure looks like the drawings above,
from the front and from each side.

Draw the structure as it looks from the top and from the back.

Now, take away the blocks one at a time,
always keeping the front and side views accurate.
Each time you take away a block,
draw a new diagram of the top and back.

Continue taking away one block at a time
and drawing the new structure,
until you are left with the **smallest** number of blocks possible.

Compare your drawings with those of other groups.

Build your own different structures and do the same drawings.

DIBUJOS DE CUBOS

Usa cubos pequeños, como los de una pulgada o cubos de dos
centímetros.

- Empieza con una base de 4 cubos organizados en un cuadrado.

- Construye una segunda capa usando 3 cubos.

- Agrega una tercera capa con 2 cubos.

- Pon 1 cubo encima.

Dibuja tu estructura como se ve mirándola desde arriba y también de
cada uno de sus cuatro lados.

Tapa o esconde tu estructura para que nadie la vea.
Dale los dibujos a un amigo/a
y fíjate a ver si tu amigo/a puede construir la misma estructura
simplemente con ver tus dibujos.

Construye tus propias estructuras y dibujos.

BLOCK DRAWINGS

Use small cubes, such as 1-inch or 2-centimeter blocks.

- Start with a base of 4 blocks arranged in a square.
- Build a second layer using 3 blocks.
- Add a third layer with 2 blocks.
- Put 1 block on top.

Draw your structure as it looks from the top
and from each of its four sides.

Cover or hide your structure so it can't be seen.
Hand the drawings to a friend
and see if the friend can build the same structure
by looking at your drawing.

PEPINO GRANDE

Grimple, Grumple, Snarly, y Lumpy, todos ariscos, querían dividir un grandísimo pepino viejo que medía 30 pies de largo.

Snarly quiere lo doble que quiera Grimple. Grumple quiere lo doble de Snarly, pero la mitad de lo que quiera Lumpy.

¿Cómo deben dividir el pepino?

Describe tres formas en las cuales puedes resolver este problema, y por supuesto, resuélvelo.
¿Obtienes la misma respuesta usando cada uno de tus diferentes métodos?

BIG PICKLE

Grimple, Grumple, Snarly, and Lumpy, sourpusses all, wanted to divide up a big old pickle 30 feet long.

Snarly wants twice as much as Grimple does. Grumple wants twice as much as Snarly does but half as much as Lumpy does.

How should they divide the pickle?

Describe at least three ways by which you could solve this problem.
And, of course, solve it.
Do you get the same answer with each of your ways?

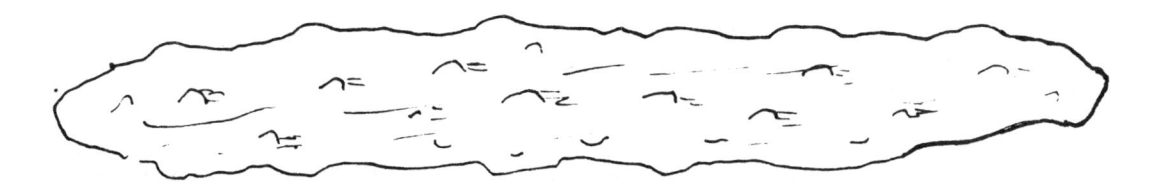

CARRERA DE ANIMALES

Después de la carrera entre la tortuga y la liebre, otros animales, y aún algunos pájaros, también querían participar en la carrera.

Para la próxima carrera habían 20 patas y 4 cabezas en la línea de salida listos para correr. Piensa en los diferentes tipos de animales que hay y haz un dibujo o un diagrama de los animales en la línea de salida.

Explica por qué podría haber más de una respuesta.

ANIMAL RACE

After the Tortoise and the Hare had their race, other animals and even some of the birds wanted to have running races too.

For the next race there were 20 feet and 4 heads at the starting line ready to race. Think about all the different kinds of animals there are and draw a picture or diagram of the animals at the starting line.

Explain why there might be more than one answer.

ALICIA Y LOS CONDIMENTOS

Visitando de nuevo el País de las Maravillas de su juventud, Alicia descubrió que las cosas no habían cambiado mucho. Ella estaba un poco retrasada para la hora del té con Mad Hatter, pero como tenía tanta hambre, comenzó a buscar algo para comer. Allí, frente a sus ojos estaba Hedgehogs, un puesto de hamburguesas (!Eso, sí era un cambio!) Ordenó una hamburguesa y se la llevó al mostrador de los aderezos.

Bueno, Alicia todavía recuerda las cosas que le habían sucedido años atrás, de modo que estaba un poco temerosa de comer algo. Decidió probar cada uno de los aderezos, antes de ponerlos en su hamburguesa. Así lo hizo, y esto fue lo que le sucedió:

- Primero, probó la salsa de tomate y creció tres pulgadas.
- A continuación, provó la mostaza la cual debió estar muy picante porque se le duplicó su estatura.
- Después de eso, provó sólo un poco de los pepinillos y le enchino los dedos de los pies tanto que se redujo seis pulgadas!
- Por último, tomó un pedacito todavía más pequeño de cebolla, y !pum! su altura se dividió por la mitad.

Estirándose lo más posible, cuando llegó a la mesa de Hatter y usó su cinta métrica, para medirse, descubrió que medía cuatro pies de altura.

«¡Qué tristeza!» pensó Alicia, «¡yo siempre quise medir 7 pies de altura!»

¿Qué puede hacer Alicia para lograr medir 7 pies?

ALICE AND THE RELISHES

Alice, revisiting the Wonderland of her youth, found that things had not changed much. She was a little late for the Mad Hatter's tea party but was very hungry, so she looked around for something to eat. There in front of her eyes was a Hedgehog's hamburger stand (Now THAT was a change!). She ordered a hamburger and took it over to the counter of relishes.

Well, Alice still remembered the things that had happened years before, so she was a little suspicious of eating anything. She decided to try each of the relishes before putting any onto her hamburger. She did, and this is what happened:

- First, she took a teaspoon of catsup and grew 3 inches taller.
- Next, she tried a drop of mustard, which must have been really hot, because she doubled her height.
- After that, she took just a tiny taste of the pickle relish, and it curled her toes so much that she lost 6 inches!
- Fourth, she took an even tinier taste of the onions, and poing! her height divided in half.

Stretching to her tallest, she found, when she arrived at the Hatter's table and used one of his tape measures, that she was exactly four feet tall.

"How sad," thought Alice, "when I've always wanted to be seven feet tall!"

Just what could Alice do to make herself 7 feet tall?

ALIABA

Aliaba estaba organizando las alfombras para la brigada de las alfombras voladoras.

Iban a volar en forma rectangular.

Cuando él puso 4 alfombras en cada línea, le sobraron 3.

Cuando él puso 5 alfombras en cada línea le sobró una.

¿Cuántas alfombras podrían haber estado en la brigada de alfombras?

Usa más de una manera para presentar tu(s) solucion(es).

ALIABA

Aliaba was arranging the carpets for the flying carpet brigade.

They were going to fly in a rectangular formation.

When he put 4 carpets in each row, he had 3 left over.

When he put 5 carpets in each row, he had 1 left over.

How many carpets could there have been in the carpet brigade?

Use more than one way to present your solution(s).

PREGUNTAS Y SUGERENCIAS

No Son Más
Respuestas,
Sino Que Más
Preguntas

EQUALS tiene una póliza de mucho tiempo, en el cual a promovido destrezas para la resolución de problemas, con evitar dando las respuestas. En cuanto damos las respuestas, el razonamiento se termina, se para la revisión del trabajo, y la responsabilidad para hacer el trabajo y el juicio propio de la persona desaparecen. El no dar las respuestas es difícil. Pero, continua haciéndolo, ya que los resultados pueden ser espectacular, y pronto se te irá el dolor de no dar las respuestas. La mayoría de las personas resolviendo problemas prefieren que NO se les dé la respuesta.

Como una buena alternativa a dar respuestas, las siguientes páginas tienen una lista de preguntas "pump-primero" o sugerencias para ayudarles a los estudiantes cuando tengan dificultad con los problemas.

Otras Preguntas

Hay por lo menos otros dos tipos de preguntas que podemos usar: **preguntas generales**, en donde los estudiantes aprenden cómo hacer preguntas, y **preguntas de extensión**, las cuales hacen los problemas más ricos.

Preguntas
Generales

Las preguntas generales son apropiadas para casi cualquier problema. Algunos ejemplos son:
¿De qué se trata éste problema?
¿Qué sabes ya? ¿Qué necesitas clarificar?
¿Hay algunas suposiciones que tendrás que hacer?
¿Cuál es tu estimación o predicción?
¿Existe un patrón? ¿Cómo puedes organizar la información?
¿Qué tipo de diagrama puedes usar? ¿Cómo se va a ver?
¿Cómo puedes usar materiales de manipulativas? ¿una línea de números?
¿Puedes quebrar el problema en partes que puedas entender?
¿Hace sentido la respuesta que salió en tu calculadora?

Three Boxes	Red and blue marbles in three boxes— logic, looking at combinations
Three Cents Worth	Beto and José play a penny game— number logic, solving problem in more than one way
Time Sheets	Computer made mistakes on employee time records— number logic in a context of time sheets
Tisha's Dollar	Tisha spends a dollar given her by her uncle— graphing, data recording, explaining graphs
Today and Tomorrow	Series of questions about tomorrow, yesterday, etc.— calendar logic
Tournaments	Diagrams for two kinds of tournaments— combinatorics, diagrams
Two Containers	Measuring amounts other than the containers you have— volume, number logic
Two Cubes	Describing and comparing two different cubic figures— volume, cubic numbers, communication
Vic and Vera's Store	Graphing general description of sales in a small store— graphing non-specific data
View from the Corner	Number arrangements on dice— spatial observation and analysis
Water Pails	New version of Jack and Jill— liquid volume, measurement, fractions
Weights	Choosing weights for new balance scale— making recommendations for which set to buy
What Does It Matter?	Spills from a cup of milk or an ounce of medicine— analysis of need for accuracy in measurement
Whatsit Number	Given some information, making true statements— guessing strategies, number analysis

What's Wrong with
    That?
	Cutting a board into two unequal pieces—
	        error analysis, division

Wheels	George collects bicycle wheels— number logic
Which Way is North?	Giving directions using a circular protractor and map— spatial logic, protractor exploration
Wolf's Party	Wolf has to plan and divide food for a party— number logic, planning

© 1995 EQUALS, Lawrence Hall of Science, University of California at Berkeley, *101 Short Problems*

Para ilustrar una aplicación de una de las preguntas generales, considera el problema «Traje mixto».

El problema indica que Sivo tiene trajes en varios colores, pero no dice si Sivo tiene más de un ítem en cada color. Por ejemplo, ¿tiene más de un par de pantalones verdes?

De una manera u otra, para resolver el problema, los estudiantes necesitarán hacer una suposición. Se necesitará que hacer esta sugerencia para algunos estudiantes, y todos deben estar conscientes de la necesidad de considerar este asunto.

Preguntas de Extensión

Algunas preguntas extienden el problema, quizás a una investigación chica o grande. He aquí varios ejemplos:
>   ¿Cuál es una regla general?
>   ¿En qué tipo de situación real sucedería esto?
>   ¿Quién necesitaría saber cómo hacer esto? ¿Quién necesitaría esta información?
>   ¿Qué pasaría si se reverse parte del problema?
>   ¿Qué pasaría si cambiaras éste variable?

Hay más sugerencias en la introducción.

¿Quién Está Correcto?

Para los estudiantes (y los maestros) que no estén muy cómodos a menos que no se les dé la respuesta, quizás les ayudará compartir y comparar su trabajo mientras que trabajen para resolver los problemas. Quizás estén de acuerdo, por ejemplo, si 10 personas trabajan en el problema en diferentes maneras, y están de acuerdo que todas sus respuestas tengan sentido, ellos pueden estar satisfechos.

Y LAS PREGUNTAS

Estas preguntas simplemente son para darles ideas a los maestros. Para muchos de los problemas tendrá preguntas mejores y más apropiadas y sugerencias propias. Todo depende en donde estén los estudiantes y que ayuda necesiten.

Adivina mis monedas	¿Son todas las monedas diferentes, o pueden ser igual?
Aliaba	¿Cómo le puede ayudar una configuración de cubos?
Alicia y los Condimentos	¿Qué tan alta piensas que era Alicia cuando empezó?
Alquilar de videos	¿Qué tal si haces una lista de lo que necesitas considerar?
Baldes de agua	¿Con cuántos cuartos empezó cada uno?

Phone Call	Writing directions to duplicate a design— communication, describing, identifying important ideas
Piano Keys	What percent of piano keys are black?— percent, logic, comparison of pianos
Pumpkin Crop	Weights of two pumpkins at a time— weights, number analysis
Quarters	Describing ways of finding fractions of a square— area, fractions
Ratio and Proportion	Clarifying ratio and proportion— expressing ratios and proportions in different ways
Ratios and Fractions	Identifying fractions or ratios— sorting a set of various relationships
Refrigerator	Damien describes what he finds in the refrigerator— representing information about a situation
Renting Films	Collecting information and designing a purchase plan— collecting, analyzing, organizing information
Rotate that Plate	Creating paths by rotating a plate— spatial sense, geometric shapes
Rulers	Comparison of ruler measurements— exploration of idea that all measurement is approximate
Running Bears	Three bears take different-sized steps— spatial logic, measurement
Sandwich Counter	Domingo moves back and forth behind the counter— spatial and number sense, design of new space
Shoe Leather	How long will shoes last?— estimation, money, measurement
Simpletown	Drawing a map from description of Simpletown— spatial logic, mapping
Sixty Miles Apart	Traditional two bicycles problem— spatial and number logic, solving problem two ways
Snail and Rabbit	Snail and rabbit racing in a meadow— time, velocity, measurement, spatial logic
Stamp System	Combinations possible with three stamp values— systematic analysis, addition, listing, patterns
Subtraction	Teaching your neighbor two-digit subtraction— clearly describing and diagramming a process
Systematic Paths	Ladybug paths through a figure— systematic analysis of geometric figure
The More Guesses the Better	Secret number, trying for more guesses instead of fewer— addition, possibly with fractions, decimals, etc.
Thirds and Fourths	Ellery and Edwina eat differing portions of sandwiches— fractions, proportion

Caja 504	¿Entiendes cómo funcionan los números? ¿Sabes cómo buscar el volumen de una caja?
Cajas	Si usaras cubos, ¿cuál es la caja más chica que puedes representar?
Cambio para el puesto	¿Cuánto piensas que cobren en el puesto?
Canicas y latas	¿Cuál es una manera para dividir las diez canicas?
Carpetas	¿Pudieras usar el número de nuestra clase como ejemplo?
Carrera de Animales	Un diagrama o materiales concretos puedan ayudar para mirar otros arreglos.
Cinta de empaque	Si mueves tu mano alrededor de la caja una vez, ¿cuántos lados pasas?
Corte de papel	¿Qué tal el dibujar líneas en el papel?
Cosecha de calabazas	¿Para cuáles medidas se usará la calabaza más pequeña? Si tuvieras 3 calabazas, ¿cuántas medidas tuvieras que tomar?
Cuartos	¿Tiene que ver éste problema con la área, el volumen, o medidas lineales?
Cuatro veces más grande	¿Qué significa «cuatro veces más grande»? ¿Tiene que ver con el área o el perímetro?
Cuenta de la cena	¿Sabes cómo encontrar el 15%?
Cuero para zapatos	¿Cuántas semanas hay en un año?
Da dos números	¿La multiplicación es lo opuesto a qué?
Dale vuelta al plato	¿Haz intentado trabajar con otra persona?
Día de competencias con agujas giratorias	¿Qué tal si cada persona sólo juega una vez?
Dibujos de cubos	¿Cómo pudieras indicar las diferentes capas en tu dibujo?
Doble triple	¿Cómo ayudaría reduciéndolo a un problema más chico, quizás usando cubos con sólo los números 1, 2, y 3? ¿Cuenta un triple como un doble?
Dos cubos	¿Cuál es la primera diferencia que notaste?
Dos recipientes	¿Cuáles tamaños son más fáciles de encontrar? Haz una lista.
El caracol y el conejo	¿Dónde estaban el conejo y el caracol después de 5 segundos?
El dólar de Tisha	¿Cuánto es lo máximo que gastó Tisha en un día?
El libro de la multiplicación	¿Cuál es una órden lógica para todos estos métodos? ¿Son algunos similares y otros diferentes?
El niño y el perro	¿Se puede considerar «dos veces más viejo» un número?
El número Whatsit	¿Qué sabes acerca de los dígitos en el lugar de las unidades?
El patio de Hailu	¿Cómo hicieras un dibujo del patio?
El perro de Carlitos	¿Qué significa «pies cúbicos del espacio»?
El puerto de la isla	¿Cuál regresará primero?
El punto y el rectángulo	¿Qué tiene que ver el punto con el área de 24?
El viaje de Enrique a la lavandería	¿Qué tal si intentas otra manera - con un diagrama, materiales concretos, o una gráfica?

Minutes and Hours—Digital	Observation of numbers possible with digital clock face—number sense, time, spatial logic
Missing Numbers	Missing numbers from multiplication table—analysis of multiplication table
Mixed Set 1	Combining colored clothing—combinatorics, probability of selecting matches
Mixed Set 2	Combining colored clothing—probable number of actions required for certainty
Mixed Totals	Number combinations for three shapes—number logic, algebra
Mountain View	Changing views of a mountain—spatial logic
Multiple Choice	Writing test questions—analysis of logical errors
Multiplication Book	Making a book with various multiplying techniques—collecting algorithms
Name Two Numbers	Making estimation thoughtful instead of just guessing—explaining estimation methods
Nedbury Revisited (and map)	Giving directions from one place to another—map path descriptions
Nesting Boxes	Given information about boxes, what else can you say?—volume logic
Nets	Nets that will fold into a 3-dimensional figure—spatial and measurement logic
Numbers of Interest	Beginning with 12, making statements about numbers—observations and information about nuimbers
Nurse	Nurse travels back and forth on her floor at hospital—spatial and number logic
Once Upon a Table	Numbers that occur only once in multiplication table—patterns, number sense
Package Tape	Planning tape for boxes—dimensions, perimeters
Packing Plan	Planning boxes and a carton to contain them—volume and dimension
Paper Cut	Folding and partitioning a piece of paper—fractions and ratio
Paper on the Table	Four children and five pieces of paper—dividing area, accounting for remainders
Parking Lot	Planning a parking lot for busses and cars—area, design
Pets for All?	Results of a survey of pets—number logic

¿En el sentido de, o en el sentido opuesto de las manecillas del reloj?	¿Qué tal si actuas los movimientos? ¿Solamente se puede abrir el lavabo de una manera?
Enfermero	¿Adónde fue primero el enfermero?
Estacionamiento de automóviles	¿Sería más lógico planear primero para los autobuses o los automóviles?
Estimación del área y el perímetro	¿Puedes cortar las figuras en pedazos más pequeños para organizarlas de nuevo?
Estructura de cubos	¿Cuál es el próximo cubo que pudieras quitar?
Favor de dar una estimación	¿Cuáles números se pueden redondear?
Gatos y canarios	¿Haz intentado usar números más pequeños para empezar?
Había una tabla	Cubre todos los cuadros de nueve cajas, menos el del lado izquierdo de arriba- ¿Cuántos números se ven solamente una vez?
Hojas de presencia	¿Cuál persona piensas que trabajó menos horas?
Hoy y mañana	¿Qué quiere decir «pasado mañana»? ¿Entonces te moverías hacia atrás o hacia adelante para encontrar el día de hoy?
La competencia más rápida	¿Has intentado probar algunos tiempos de correr posibles?
La fiesta del lobo	¿De cuánto de cada cosa planeo?
La mitad de la edad	¿Qué cosas podrían variarse? ¿Que ocurre si cambia el número de personas? ¿Podrías usar números diferentes?
La mitad de un cuadrado	¿Cuántas excepciones son necesarías para que un informe sea falso?
La resta	¿Qué números usarías para empezar?
La tienda de Vic y Vera	¿Han comparado las gráficas dentro de su grupo?
Las más adivinanzas lo mejor	¿Pueden incluir fracciones o decimales algunos de los números?
Llamada telefónica	¿Te ayudaría una regla de medir?
Llantas	¿Cuántas ruedas necesitaría para hacer una de cada una?
Los engranajes	¿Cómo puedes saber si un engranaje ha dado una vuelta completa?
Los libros de Matt y Minnie	¿De cuáles números estás seguro, para que puedas empezar allí?
Marcos y la escalera mecánica	¿Cómo mantendrás un registro de lo que ocurrió?
¿Mascotas para todos?	¿Cómo dibujarías un diagrama de ésto?
Medidas	¿Qué suposiciones puedes hacer sobre el peso de las químicas u otras cosas que necesitan ser medidas?

Double Problem	Comparing two similar but different logic problems— logic, percents
Double Triple	Rolling dice and counting doubles— probability, data collection
Estimation of Area and Perimeter	Estimating and comparing measurements— estimation, area, perimeter
Estimation, Please	Explaining how to estimate for arithmetic problems— estimation with percent, multiplication, and decimals
Faster Race	Long distance runners improving their racing times— comparing percent with fixed amount variations
Field Day Spinners	Planning a spinner game for school fair— probability, money, planning
Folders	How many folders each student has— fraction logic
Foot Feet	Duck and turkey walking— measurement logic
Four Times as Big	Drawing similar triangles— similarity, shapes
Gears	Relationship of four gears in turning— gear logic, generalizations
Guess My Coins	Guessing three coins— money logic, probability
Hailu's Yard	Measurements of expanded chicken yard— area and perimeter
Half as Old	Relative age problem— writing new and more complex problems
Half a Square	Placing a dot in a square and then halving the square— spatial logic
Henry's Trip to the Laundry	Henry goes up and down the stairs— number and spatial logic
High Jump	Interpretation of small set of data— data analysis
Island Port	Two ships go in and out of a port— number patterns, logic
Marbles and Cans	Ten marbles divided into two cans— analysis of number of guesses and number of guessers
Mark and the Escalator	Mark and his mother go up and down an escalator— explanation of number logic
Matt and Minnie's Books	Comparison of number of books— fraction logic
Minutes and Hours—Analog	Comparison of minute hand and hour hand speed— time and spatial logic

Minutos y horas- Analógico	¿En dónde están las dos manecillas al principio?
Minutos y horas- Digital	¿Cuáles son los números posibles más pequeños y más grandes?
Mostrador de emparedados	¿Cuáles ítemes piensas que deben estar juntos?
Nedbury visitado de nuevo (y mapa)	¿Cuál es más preciso, «Da vuelta a la izquierda» o «Da vuelta al éste»?
Números de interés	Piensa en los diferentes temas de matemática- como la medida, la probabilidad, y la geometría.
Números que faltan	¿Cuál es el segundo número que falta, y cuáles son sus factores?
Osos corriendo	¿Cuál oso toma más pasos para llegar?
Papel en la mesa	¿Cuál sería tu primer paso? ¿Qué sigue después?
Pasos que miden unpie	¿Qué diferencia hace si pisan hacía enfrente o caen en el pie izquierdo? ¿Me puedes enseñar con tus pies?
Patrónes de dígitos	¿Has encontrado un patrón que se repite?
Pepino grande	¿Cuál es la manera más fácil de dividirlo si no tuvieras que preocuparte por lo que quisieran las personas?
Plan de empaque	¿Qué tamaño de caja trabajaría mejor con tu objeto? Hay que cortar una y probarla.
Problema doble	¿Cuál es la diferencia en la primera oración de los dos problemas?
Puertas	¿Por qué empieza con 5 puertas si dice que hay siete? ¿Te ayudarían varas de cuisenaire?
Puesto de galletas	¿Qué hace falta en la gráfica?
¿Qué dirección es Norte?	Si vas yendo hacia el sur y le das vuelta a la derecha, ¿cuál dirección es está - éste u oeste?
¿Qué hay de malo con eso?	¿Ayudaría con dividir el 112 por 2?
¿Qué importa?	¿Dónde hará una gran diferencia que tan precisas son las medidas? ¿Hay que hacer una lista juntos?
Razón y proporción	¿Cómo se fueron del «1 y 2» al «5 y 10»? - ¿Puedes hacer lo mismo con el 3 y el 4?
Razones y fracciones	Usando palabras, ¿cuál es la diferencia entre los primeros dos ítemes listados?
Redes	¿Qué tal si usas una caja actual- puedes cortar los lados y moverlos de posición?
Refrigerador	¿Cuál es el número más pequeño de cerezas que puedan existir?
Reglas de medir	¿Puede haber más de una respuesta?
Reloj en el espejo	¿Has intentado usar un espejo?
Salto alto	¿Es suficiente información para hacer una generalización?

DESCRIPTIONS OF PROBLEMS

Aliaba	Arranging flying carpets— divisibility, remainders, area
Alice and the Relishes	Alice revisits Wonderland— number sequences and operations
Animal Race	Counting feet and heads— number logic
Big Pickle	Dividing a pickle— number logic, uneven division
Block Drawings	Arranging and drawing blocks— spatial logic and observation
Block Structure	Pre-diagrammed block structure to be built with blocks— spatial analysis, observation, persistence
Box 504	Finding box dimensions— volume, cubing numbers
Boy and Dog	Boy is twice as old as dog— number logic, doubling
Cats and Canaries	Heads and legs, designing space for animal shop— number logic, volume, design
Change for the Booth	Identifying considerations for school fair booth change— measurement of money
Charlie's Dog	Dog's measurement and plan for doghouse— volume, design
Clock in the Mirror	Looking at a clock in the mirror— reflections, visualizing, spatial logic

Clockwise or
   Counterclockwise?
	How various objects turn—
	    spatial and mechanical logic, sorting

Colored Window	Map color problem with stained glass window— patterns, analysis of set conditions
Cookie Booth	Interpreting graph of cookie sales— using graph information, identifying misleading graphs
Digit Patterns	Adding digits of number sequences— number patterns, calculations
Dinner Bill	Calculating tip and dividing dinner bill— money, percent
Ditch-Diggers	Fast and slow ditch-diggers— number logic
Doors	Placement of seven doors in a hall— spatial logic, estimation of measurement
Dot and Rectangle	A dot on a graph represents 24 square inches— coordinate graphs, multiplication, area

Senderos sistemáticos	¿Qué significa usar un sistema?
Sesenta millas aparte	¿Qué tan lejos viajaron en la primera hora?
Simpletown	¿Han intentado leyéndose las instrucciones en voz alta?
Sistema de sellos	¿Qué combinación de sellos hace el número 10?
Teclas del piano	¿Has visto un piano o una foto de un piano?
Tercios y cuartos	¿Puedes usar una regla de medir para representar el emparedado?
Torneos	¿Qué tal si sólo tuvieras cuatro jugadores?
Totales mixtos	¿En cuántas maneras puedes dividir seis entre las dos figuras de arriba?
Traje mixto 1	¿Qué tal si empezaras con sólo dos colores?
Traje mixto 2	¿Cuál es la diferencia entre éste y el Set mixto primero?
Tres cajas	¿Qué tal si arreglas para hacer un experimento?
Valor de tres centavos	¿Qué podría haber pasado con los primeros tres juegos?
Varias respuestas	¿Cómo se puede obtener una respuesta de «10» para éste problema?
Ventana de colores	¿Cuál es el número más grande de cuadros que pueden ser del mismo color? ¿Dónde pueden estar?
Vista de la esquina	Si no tienes un dado diferente, usa cubos de madera y haz tu propio dado con todos los números arreglados de modo que los lados opuestos se sumen a 7.
Vista de la montaña	Si miras fuera por una ventana, ¿cómo se afectará la vista si te mueves de posición?
Zanjeadores	¿Cuál fue el sueldo total que se le pagó a cada uno por las 6 horas de trabajo?

LISTA POR TOPICO MATEMATICO

	Número	Espacial	Probabilidad y Estadísticas	Patrones/ Relaciones	Algebra	Matemáticas Discretas	Otros	Página
Adivina mis monedas	X			X		X		83
Aliaba	X	X		X	X	X		113
Alicia y los condimentos	X	X		X	X	X		112
Alquilar de videos	X					X	X	43
Baldes de agua	X	X			X	X		19
Caja 504	X	X		X		X	X	107
Cajas		X		X		X		61
Cambio para el puesto	X		X			X		104
Canicas y latas	X			X		X	X	76
Carpetas	X			X		X		87
Carrera de animales	X			X	X	X		111
Cinta de empaque		X				X		56
Corte de papel	X	X				X		54
Cosecha de calabazas	X			X	X	X		48
Cuartos	X	X		X		X		47
Cuatro veces más grande		X		X				85
Cuenta de la cena	X		X			X		97
Cuero para zapatos	X			X				38
Da dos números	X			X		X		64
Dale vuelta al plato		X		X			X	42
Día de competencias con agujas giratorias	X		X			X		88
Dibujos de cubos		X		X			X	109
Doble triple	X		X	X		X	X	92
Dos cubos	X	X				X		22
Dos recipientes	X	X		X		X		23
El caracol y el conejo	X	X				X		35
El dólar de Tisha	X		X			X		26
El libro de la multiplicación	X			X		X	X	65
El niño y el perro	X				X	X		106
El número Whatsit	X			X		X		16
El patio de Hailu	X	X						82
El perro de Carlitos	X	X						103
El puerto de la isla	X	X		X		X		77
El punto y el rectángulo	X	X		X				94

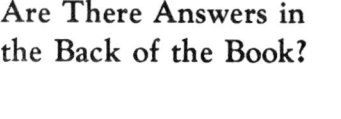

5

Are There Answers in the Back of the Book?

No answers, but there are questions! In the appendix is a question or suggestion for each of the problems. There are also some general suggestions to add to your own bank of questions.

Why Not?!

A long-standing EQUALS policy is to encourage everybody not to give answers. Don't spoil the fun!!

As soon as an answer (or in some cases, feedback) is given, the thinking about a problem stops. Answers contribute to dependency of students on teachers and undermine students' confidence in their own work and their own judgment.

Some of the most wonderful problems are those for which different individuals or groups will find different and equally satisfactory solutions. This models real life, where my decision on buying a house or car will be different from yours, and where there's no single way to make a stew.

How to make it work? At first it's hard not to give answers, but it gets easier. Be prepared with some good "leading questions."

It also helps to keep comparing processes and solutions. In addition to making presentations about their work, student teams can check their solutions with other groups or with the class down the hall.

Allow time and opportunity for revision. After all, you wouldn't expect an employee to give the boss her or his first draft of an important report, would you?

There's real power in not having to look to an authority for verification, and there's real joy in watching students stretch their minds.

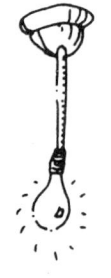

	Número	Espacial	Probabilidad y Estadísticas	Patrones/Relaciones	Algebra	Matemáticas Discretas	Otros	
El viaje de Enrique a la lavandería	X	X				X		79
¿En el sentido de, o en el sentido opuesto de las manecillas del reloj?		X		X			X	101
Enfermero	X	X		X	X	X		58
Estacionamiento de automóviles		X						52
Estimación del área y el perímetro		X						91
Estructura de cubos		X				X		108
Favor de dar una estimación	X			X		X		90
Gatos y canarios	X	X			X	X		105
Había una tabla	X			X		X	X	57
Hojas de presencia	X			X		X		27
Hoy y mañana		X		X		X		25
La competencia más rápida	X	X						89
La fiesta del lobo	X							12
La mitad de la edad	X			X	X	X		81
La mitad de un cuadrado		X					X	80
La resta	X					X		33
La tienda de Vic y Vera			X			X		21
Las más adivinanzas lo mejor	X			X		X	X	31
Llamada telefónica		X		X				50
Llantas	X	X		X	X	X		14
Los engranajes		X		X		X	X	84
Los libros de Matt y Minnie	X				X	X		74
Marcos y la escalera mecánica	X	X		X		X		75
¿Mascotas para todos?	X			X		X		51
Medidas		X		X				18
Minutos y horas-Analógico		X		X		X		73
Minutos y horas-Digital		X		X		X		72
Mostrador de emparedados	X	X				X		39
Nedbury visitado de nuevo (y un mapa)		X						62
Números de interés	X			X		X	X	59
Números que faltan	X			X		X	X	71
Osos corriendo		X		X		X		40
Papel en la mesa	X	X						53
Pasos que miden un pie		X				X	X	86

We don't think it's fair to students to spend 12 years in school being trained that all problems come in neat packages that can be solved simply by applying a formula or a standardized process. Real life requires that we go out and find more information, that we make up our own minds what the goals are, and that we think for ourselves.

Extensions

Almost all of these problems are ideal for extension or expansion, especially by discussion. Change the setting, make them more or less open, use different materials, substitute a different topic, and so on. Both teacher and students can contribute to variations.

Here are just a few ideas:

> What might this be used for in real life?
> Write a story about the problem.
> Create a setting if none is specified.
> Read the problem aloud and dramatize it.
> Think of ways to go beyond the requirements of the problem.
> Make up similar problems of your own.
> Discuss different audiences that could be addressed, from family members to friends to celebrities or fantasy characters.
> Plan an extended investigation of this or a related topic.

Evaluation

With the students, brainstorm standards for good work. Think of standards as similar to what we do at the beginning of the year when we work out the "Class Rules of Good Conduct." Keep coming back to those standards, having students assess their own and each others' papers or reports. Revise the standards as necessary.

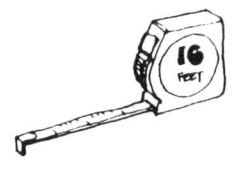

These particular problems were not written with State or National assessment programs in mind, but if they are being used as "warm-ups" for that, it might be a good idea to develop a general rubric that identifies the different levels of success and makes suggestions for improvement. Both EQUALS and the National Council of Teachers of Mathematics have resource books that will help.

	Número	Espacial	Probabilidad y Estadísticas	Patrones/ Relaciones	Algebra	Matemáticas Discretas	Otros	
Patrones de dígitos	X			X		X	X	98
Pepino grande	X				X	X		110
Plan de empaque		X						55
Problema doble	X			X		X		93
Puertas		X		X		X		95
Puesto de galletas	X		X	X		X		99
¿Qué dirección es norte?		X					X	13
¿Qué hay de malo con eso?	X	X			X	X	X	15
¿Qué Importa?		X					X	17
Razón y proporción	X	X		X		X	X	46
Razones y fracciones	X	X		X		X	X	45
Redes		X				X	X	60
Refrigerador	X	X				X		44
Reglas de medir		X		X			X	41
Reloj en el espejo		X					X	102
Salto alto	X		X	X		X		78
Senderos sistemáticos		X				X		32
Sesenta millas aparte	X	X			X	X		36
Simpletown		X						37
Sistema de sellos	X			X		X	X	34
Teclas del piano	X	X		X		X	X	49
Tercios y cuartos	X	X				X		30
Torneos			X	X		X	X	24
Totales mixtos	X		X		X	X		68
Traje mixto 1	X		X	X		X		70
Traje mixto 2	X		X	X		X	X	69
Tres cajas	X		X	X		X		29
Valor de tres centavos	X			X		X		28
Varias respuestas	X			X		X		66
Ventana de colores		X		X		X		100
Vista de la esquina	X	X		X		X		20
Vista de la montaña		X					X	67
Zanjeadores	X					X		96

Problem Solving Processes

Throughout the book, the suggestion is made that problems be solved in more than one way. This should include using manipulatives, acting out the problem with people, making diagrams of many kinds, writing out explanations, using number lines, re-wording problems, and so on.

An especially important part of using several solution methods is noticing the relationship between various processes. For example, picturing a problem with manipulatives and a diagram, then finding its algebraic solution, can be effective in increasing understanding of algebra. The opportunity to make these connections should be available to all students, even those who are already abstract thinkers.

Habits of the Mind

It's hard for us teachers to resist teaching students the neat processes and strategies we've learned or discovered ourselves, and sometimes that may be ok. Mostly, though, we like to facilitate the exchange of ideas between students. Sharing helps students (and teachers) learn new ideas and new ways and clarify their thinking about a problem.

Have groups of students take turns giving "in-progress" reports to the class as they work on a problem, using the overhead projector or other classroom teaching aids.

For all students, and for ourselves, we hope for habits of the mind that lead to going beyond the expectations of any problem—to constantly wonder "What if we changed this part?" or "On the other hand,...."

Systematic Solutions and Patterns

A number of the problems suggest finding a systematic way to look at the situation. We'd like to promote organized thinking rather than hit-or-miss fumbling. How do we know we've found all the ways or all the solutions? The habit of looking for patterns and systems serves us well in everyday life as well as school mathematics.

Ambiguous or Poorly-Worded Questions

Some of the problems may not seem to have enough information or the question may seem unclear. Most of the time, that's on purpose. We try to leave some of the thinking to students, instead of pre-thinking for them.

LISTA DE REFERENCIA RECIPROCA—
Del Español al Inglés

¡Atención! La versión en inglés está al volteado de la versión en español.

101 Short Problems
Things to Think About Before You Start

Who Are These Problems For?

In general these problems are appropriate for about Grades 4 through 9. Some will be challenging for high school students, as well as for adults. They can also be used for primary students, with reading aloud and lots of discussion.

All of the problems are in alphabetical order, rather than arranged by difficulty or by topic. In the back of the book is a list of topics for each problem. The best way to tell if the level of difficulty and the topic are appropriate for your students is to work the problem yourself.

One caution: A few of the problems use names or situations from children's literature or nursery rhymes. Be sure your students are familiar with these before they do the problems.

What Kind of Problems Are They?

The problems are not complex or tricky, for several reasons.
- We try to provide access for all students. Everybody can find a place to start; there is no intention to confuse.

- Simpler problems can help us better understand the mathematics, without unnecessary complications.

- Each task is intended to stimulate discussion and thinking, both oral and written, without prescribing the direction of a thoughtful conversation.

What Materials Will Be Needed?

We haven't listed materials needed for each problem, because choosing tools is an important part of the problem-solving process.

We expect that classrooms will already have most of the items needed: blocks, calculators, graph paper, art materials, dice, scissors, paper, cardboard, glue, string, etc.

A few problems may require something different, such as marbles, tin cans, clocks, and gears, most of which can be improvised or substitutes can be found.

Preface

101 Short Problems is published by the EQUALS program at the Lawrence Hall of Science, University of California at Berkeley.

EQUALS is a teacher advisory program that since 1977 has helped elementary and secondary educators acquire methods and materials to attract minority and female students to mathematics. The EQUALS program supports a problem-solving approach to mathematics, including having students working in groups, using active assessment methods, and incorporating a broad mathematics curriculum presented to students in a variety of contexts.

An important focus of EQUALS has been to stretch the meaning of word problems in mathematics, through enlarging students' resource bank of problem-solving strategies and through changing the problems themselves. Most good problems allow for many approaches, have no single answer, will require some decisions or research on the part of students, and should stimulate further questions.

We appreciate the help and support of the EQUALS staff: Terri Belcher, Grace Dávila Coates, José Franco, Kay Gilliland, Nancy Kreinberg (Director, retired), Karen Mayfield, Virginia Thompson (Acting Director), Bob Whitlow, Kathryn Baston, Bob Capune, Miguel Casillas, Alison DeLorenzo, Carol Gray, Ellen Humm, Louise Lang, Gen Llamas, Linda Morgan, and Helen Raymond. Special thanks to those who took part in translation of the book into Spanish: Deborah Fierro Martínez, Eloisa F. Martínez, and Patricia Zuno.

Versions of the problems in this book have been used in many EQUALS workshops. We thank all the teachers who have used our problems over the years and provided us with feedback. Some of the problems were originally created by people outside our program, but the sources are not known or the problems have been substantially modified.

We hope you and your students will find the problems in the book a useful and effective addition to your mathematics program.

—Jean Kerr Stenmark, Editor

Please Note:

For the Spanish version of the book, turn it over, top to bottom.

The text is in the same order in both English and Spanish.

The problems are in alphabetical order in English, with the Spanish translation on the reverse. This was done in order to keep the English and the Spanish versions together. This means the Spanish problems are not in alphabetical order.

Please see page 123 for a cross-reference chart of the problems.

101 Short Problems
Table of Contents

The Lawrence Hall of Science is a public science center, teacher inservice institution, and research unit in science and mathematics education at the University of California at Berkeley. For many years, it has developed curricula and teaching strategies to improve mathematics, science, and computer education at all levels, and to increase public understanding of those areas.

Cover design by Rose Craig

For information and additional copies, contact:

EQUALS
Lawrence Hall of Science
University of California
Berkeley, CA 94720-5200
attn: 101 Short Problems

Telephone: (510) 642-1910
Fax: (510) 643-5757

Printing (last digit): 9 8 7 6 5 4 3 2

ISBN 0-912511-26-5